HISTÓRIA

ALEXANDRE ALVES
Doutor em História pela Universidade de São Paulo (USP)
Autor-colaborador de coleções didáticas do Ensino Fundamental e do Ensino Médio

LETÍCIA FAGUNDES DE OLIVEIRA
Mestra em História Social pela Universidade de São Paulo (USP)
Autora-colaboradora de coleções didáticas do Ensino Fundamental e do Ensino Médio

São Paulo – 1ª edição – 2018

Direção geral: Guilherme Luz
Direção editorial: Luiz Tonolli e Renata Mascarenhas
Gestão de projeto editorial: Tatiany Renó
Gestão e coordenação de área: Wagner Nicaretta (ger.) e Brunna Paulussi (coord.)
Edição: Beatriz de Almeida Francisco, Érica Lamas, Flávia Merighi Valenciano e Guilherme Reghin Gaspar
Gerência de produção editorial: Ricardo de Gan Braga
Planejamento e controle de produção: Paula Godo, Roseli Said e Marcos Toledo
Colaboração para desenvolvimento da seção *Conectando saberes*: Mauro César Brosso e Suzana Obara
Revisão: Hélia de Jesus Gonsaga (ger.), Kátia Scaff Marques (coord.), Rosângela Muricy (coord.), Ana Curci, Ana Paula C. Malfa, Carlos Eduardo Sigrist, Cesar G. Sacramento, Daniela Lima, Gabriela M. Andrade, Luis M. Boa Nova, Maura Loria, Paula T. Jesus, Raquel A. Taveira Sueli Bossi e Vanessa P. Santos
Arte: Daniela Amaral (ger.), Claudio Faustino (coord.), Jacqueline Ortolan, Karen Midori Fukunaga, Livia Vitta Ribeiro e Meyre Diniz (edit. arte)
Diagramação: JS Design
Iconografia: Sílvio Kligin (ger.), Denise Durand Kremer (coord.), Daniel Cymbalista e Thaisi Lima (pesquisa iconográfica)
Licenciamento de conteúdos de terceiros: Thiago Fontana (coord.), Luciana Sposito e Liliane Rodrigues (licenciamento de textos), Erika Ramires e Claudia Rodrigues (analistas adm.)
Tratamento de imagem: Cesar Wolf e Fernanda Crevin
Ilustrações: Carlos Caminha, Hagaquezart Estúdio e R2 Editorial
Cartografia: Eric Fuzii (coord.), Mouses Sagiorato do Prado e Robson Rosendo da Rocha (edit. arte)
Design: Gláucia Correa Koller (ger.), Erika Tiemi Yamauchi Asato (capa e proj. gráfico), Talita Guedes da Silva (capa)
Ilustração de capa: Ideário Lab
Foto de capa: iStockphoto/Getty Images

Todos os direitos reservados por Saraiva Educação S.A.
Avenida das Nações Unidas, 7221, 1º andar, Setor A –
Espaço 2 – Pinheiros – SP – CEP 05425-902
SAC 0800 011 7875
www.editorasaraiva.com.br

Dados Internacionais de Catalogação na Publicação (CIP)
(Câmara Brasileira do Livro, SP, Brasil)

```
Alves, Alexandre
   Ligamundo : história 5º ano / Alexandre Alves,
Letícia Fagundes de Oliveira. -- 1. ed. --
São Paulo : Saraiva, 2018.

   Suplementado pelo manual do professor.
   Bibliografia.
   ISBN 978-85-472-3449-2 (aluno)
   ISBN 978-85-472-3450-8 (professor)

   1. História (Ensino fundamental) I. Oliveira,
Letícia Fagundes de. II. Título.

18-16479                               CDD-372.89
```

Índices para catálogo sistemático:
1. História : Ensino fundamental 372.89

Maria Alice Ferreira - Bibliotecária - CRB-8/7964

2023
Código da obra CL 800666
CAE 628128 (AL) / 628129 (PR)
1ª edição
8ª impressão

Impressão e acabamento: Bercrom Gráfica e Editora

Uma publicação

APRESENTAÇÃO

Caro aluno,

Você já pensou sobre como seria viver em uma outra época ou em um lugar com outra cultura? Já imaginou como as pessoas moravam, trabalhavam, se relacionavam, brincavam e se divertiam no passado? Será que era da mesma maneira que fazemos hoje em dia?

Aprender História é uma forma de responder a essas e muitas outras questões. A História é a ciência que nos mostra a imensa riqueza e diversidade das culturas humanas no presente e no passado. A maneira como as pessoas vivem, pensam e se organizam pode ser muito variada, mas sempre existe algo que une todos os seres humanos em todas as épocas e lugares: a necessidade de sonhar, de criar, de amar e de se comunicar.

Esta coleção foi pensada para você, que sempre quer saber mais, que adora novidades, aventuras e descobertas. A História pode ser muito divertida, como passear por terras distantes, resolver um enigma ou decifrar um mistério.

Estudar História é também um modo de conhecermos a nós mesmos e de saber quem somos e de onde viemos. Compreender como era a vida das pessoas em outras épocas e lugares vai ajudá-lo a entender melhor sua própria vida aqui no presente.

Vamos começar a nossa aventura?

CONHEÇA SEU LIVRO

Este livro está dividido em nove unidades.

Abertura de unidade

Nesta seção você conhecerá o que vai aprender ao longo da unidade. Vai também conversar com os colegas sobre o que já sabem a respeito dos temas que serão estudados a partir da leitura de imagens.

Vamos falar sobre...

Nesta seção você conversará com os colegas sobre atitudes e valores importantes para a sua formação como cidadão.

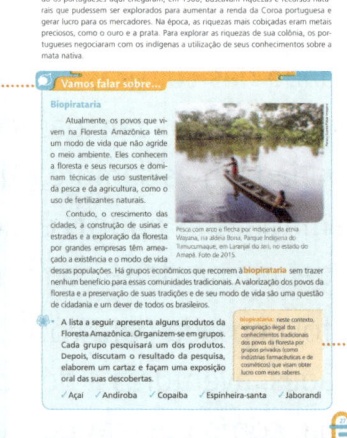

Glossário

Aqui você vai encontrar o significado das palavras destacadas no texto.

Fazendo História!

Esta seção amplia o estudo de alguns processos ou fatos abordados na unidade, muitas vezes por meio da análise de diferentes fontes históricas.

Conectando saberes

Nesta seção você conhecerá com mais profundidade algum tema estudado na unidade, relacionando o assunto com outras áreas do conhecimento e noções de cidadania.

Rede do conhecimento

Esta seção retoma e amplia, por meio de mapas conceituais ou infográficos, alguns conteúdos tratados na coleção.

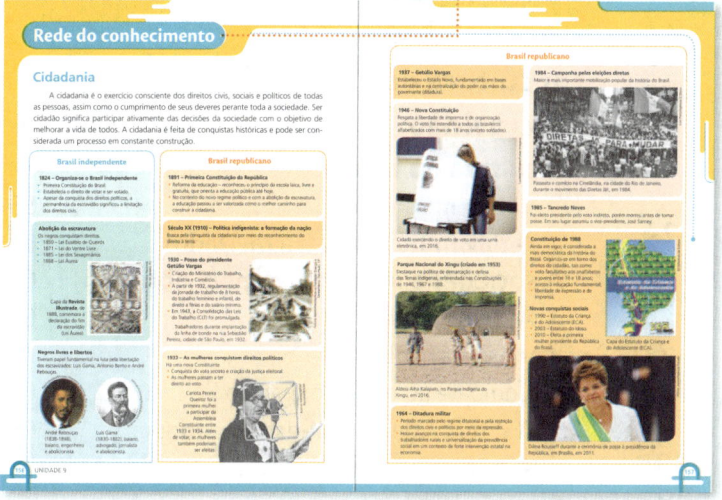

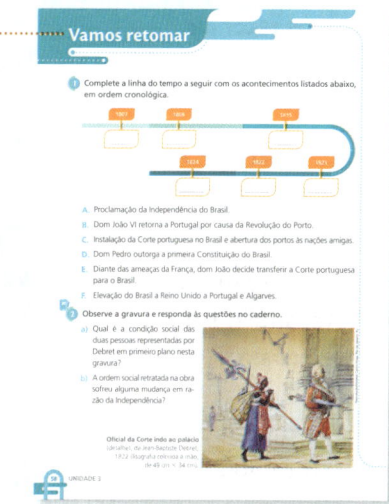

Vamos retomar

Esta seção apresenta atividades que retomam alguns temas estudados na unidade.

Ícones que indicam como realizar as atividades:

 Oral

 Em dupla

 Em grupo

 No caderno

Autoavaliação

Esta seção vai ajudar você a perceber se adquiriu o conhecimento dos principais temas trabalhados na unidade e a refletir sobre o que precisa melhorar.

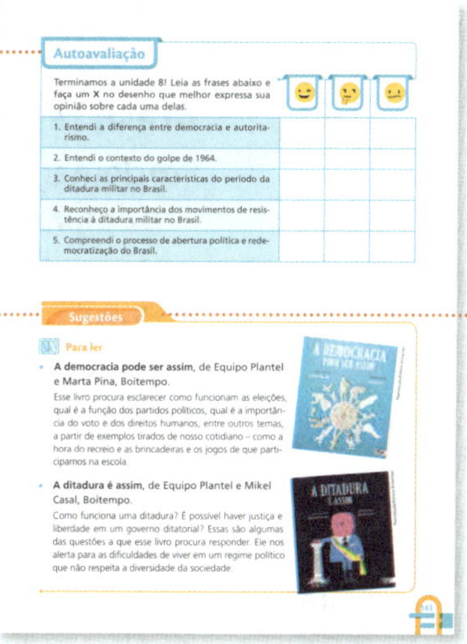

Sugestões

Nesta seção há indicação de livros, *sites*, vídeos e filmes para você complementar seu estudo.

As sugestões têm o objetivo de ampliar seu aprendizado, e não de fazer propaganda.

5

SUMÁRIO

UNIDADE 1
O início da civilização 8
- Da vida nômade à vida sedentária 10
  - As primeiras cidades 11
  - A origem do comércio 12
- O Estado e o papel da religião 14
  - Civilização mesopotâmica 15
  - Civilização egípcia 17
- Vamos falar sobre...
  - Identidade e formas de marcação do tempo .. 19
- Fazendo História!
  - Patrimônio cultural 20
- Vamos retomar 22
- Autoavaliação 23
- Sugestões 23

UNIDADE 2
Quando o Brasil era de Portugal ... 24
- Império marítimo português 26
- Vamos falar sobre...
  - Biopirataria 27
  - A exploração do pau-brasil 28
  - As drogas do sertão 29
  - As capitanias hereditárias 31
  - O governo-geral 32
- A sociedade colonial 33
  - Caçada aos "negros da terra" 33
  - Cana-de-açúcar e escravidão dos africanos .. 34
  - A mulher no período colonial 36
  - Uma sociedade de escravizados, homens livres e senhores 37
- Fazendo História!
  - Direito indígena: a luta pelas terras 40
- Vamos retomar 42
- Autoavaliação 43
- Sugestão 43

UNIDADE 3
O Brasil independente: nasce uma nação 44
- A família real no Brasil 46
  - A abertura dos portos 48
  - Mudanças no Rio de Janeiro 48
- Brasil, um Estado, uma nação 50
  - A primeira Constituição do Brasil 52
- Vamos falar sobre...
  - Cidadania 53
- Fazendo História!
  - Monumentos da história do Brasil 54

Conectando saberes
- O cotidiano da escravidão no Brasil 56
- Vamos retomar 58
- Autoavaliação 59
- Sugestão 59

UNIDADE 4
A cultura do café e o fim da escravidão 60
- A cultura do café 62
  - Café e modernidade 63
  - O fim do tráfico de escravizados 64
- A sociedade se mobiliza pela abolição ... 66
  - As leis abolicionistas 68
- Vamos falar sobre...
  - Combate ao trabalho escravo 68
  - A difícil vida dos ex-escravizados ... 69
  - A cultura afro-brasileira 71
- Fazendo História!
  - A fotografia brasileira no século XIX ... 72
- Vamos retomar 74
- Autoavaliação 75
- Sugestões 75

UNIDADE 5
Brasil republicano 76
- Proclamação da República 78
  - Da Monarquia à República 79
  - Uma república para poucos 80
- O Brasil no início da República 82
  - A chegada dos imigrantes 82
- Vamos falar sobre...
  - Solidariedade aos imigrantes 83
  - A transformação das cidades 84
- Fazendo História!
  - Cidadania em ação: projeto de lei 86
- As inovações tecnológicas 88

- **Rede do conhecimento**
  - Tecnologia 90
- **Vamos retomar** 92
- **Autoavaliação** 93
- **Sugestões** 93

UNIDADE 6

O Brasil dos trabalhadores 94
A luta dos trabalhadores 96
   A dura rotina nas fábricas 96
   Os trabalhadores se organizam 98
   Direitos para as mulheres 100
- **Vamos falar sobre...**
  - O Dia Internacional da Mulher 101

Os trabalhadores conquistam direitos .. 102
   O direito à cultura e ao lazer 105
- **Fazendo História!**
  - A Era de Ouro do rádio no Brasil 108

Conectando saberes
- A Semana de Arte Moderna 110
- **Vamos retomar** 112
- **Autoavaliação** 113
- **Sugestão** 113

UNIDADE 7

O Brasil se moderniza 114
Cidades e indústrias 116
   O que atraía as pessoas para as cidades? .. 117
   Novas indústrias 118
   A construção de Brasília 119
- **Fazendo História!**
  - Brasília: uma cidade planejada 120

A conquista do sertão 122
   A expedição Roncador-Xingu 123
- **Vamos falar sobre...**
  - Comunidades tradicionais 125

Conectando saberes
- Vigiando a Amazônia 126
- **Vamos retomar** 128
- **Autoavaliação** 129
- **Sugestões** 129

UNIDADE 8

A ditadura militar e a volta da democracia 130
Democracia e autoritarismo 132
   Os militares tomam o poder 132
   O governo militar no Brasil 133
   A resistência ao regime militar 136
- **Vamos falar sobre...**
  - Respeito à opinião do outro 136
- **Fazendo História!**
  - O Pasquim: o humor como resistência ... 138

A abertura política e a volta da democracia 140
   Diretas Já! 141
- **Vamos retomar** 142
- **Autoavaliação** 143
- **Sugestões** 143

UNIDADE 9

Cidadania, uma luta de todos 144
Uma luta constante 146
   A Constituição cidadã 147
   Os direitos das crianças e dos adolescentes 148
- **Fazendo História!**
  - Acessibilidade urbana 150

Direito de ser igual e diferente 152
   Direitos das mulheres 152
   Direitos dos afro-brasileiros 153
   Direitos dos idosos 154
- **Vamos falar sobre...**
  - Direitos humanos 155
- **Rede do conhecimento**
  - Cidadania 156
- **Vamos retomar** 158
- **Autoavaliação** 159
- **Sugestão** 159

Bibliografia 160

UNIDADE

1 O início da civilização

Nesta unidade você vai:

- Entender a passagem do estilo de vida nômade para o estilo de vida sedentário.
- Compreender como surgiram as primeiras cidades.
- Entender o surgimento do Estado.
- Entender a importância da religião nas primeiras civilizações.
- Conhecer a formação, o povoamento e as principais características da civilização mesopotâmica e da civilização egípcia.
- Reconhecer a relação entre a identidade de um povo e seu patrimônio cultural.

💬 Observe o objeto ao lado, leia a legenda e converse com os colegas e o professor.

1. Quando esse objeto foi feito?
2. O que as pessoas representadas nesse objeto estão fazendo?
3. Qual era a função desse objeto?

Estela funerária de Nefersefekhy, sacerdote egípcio, de cerca de 4200 anos atrás. Estela é uma coluna ou placa de pedra em que eram gravados textos e imagens. Na parte superior dessa placa, é possível ver uma oração ofertada ao deus Anúbis em hieróglifos, sinais utilizados na escrita egípcia. Na parte inferior, os servos de Nefersefekhy foram representados carregando diversos animais, selvagens e domesticados, como oferenda aos deuses.

Da vida nômade à vida sedentária

> Há cerca de 10 mil anos, o ser humano começou a abandonar a vida nômade. Em sua opinião, que razões levaram a essa mudança?

Atualmente, a maioria das pessoas mora em cidades, possui residência fixa e encontra seus alimentos em feiras e mercados. Mas nem sempre foi assim.

Antes do surgimento da agricultura e da criação de animais, há cerca de 10 mil anos, os seres humanos viviam em pequenos grupos de caçadores-coletores, que tinham um estilo de vida nômade. Isso significa que eles caçavam e coletavam os alimentos diretamente da natureza e, por isso, tinham de se deslocar continuamente para atender às suas necessidades. Quando havia pouca caça em uma região, por exemplo, o grupo se mudava para outra área em que houvesse caça mais abundante.

O domínio de técnicas agrícolas e da criação e domesticação de animais possibilitou às pessoas se fixar em certo local. Os seres humanos aprenderam a cultivar plantas, como trigo, cevada, milho, mandioca e batata, e a domesticar animais, como ovelhas, cabras, cavalos, galinhas e bois. Parte dos alimentos cultivados podia ser armazenada para períodos difíceis, como o inverno ou épocas de seca ou de escassez de alimentos.

A passagem da vida nômade dos caçadores-coletores para a vida sedentária não aconteceu de uma hora para outra. Foi um processo lento, que demorou bastante tempo. Por muitos séculos ainda, os povos nômades continuaram convivendo com povos sedentarizados e há casos de povos que, embora plantassem alguns alimentos, continuaram preferindo o estilo de vida nômade.

Ainda hoje podem ser encontrados povos que adotam um estilo de vida nômade ou seminômade, vivendo da caça e da coleta. É o caso, por exemplo, do povo san, no sul da África. Na foto, de 2014, membros desse povo, na Namíbia.

Jorge Fernandez/LightRocket via Getty Images

As primeiras cidades

A sedentarização levou a uma série de mudanças nas sociedades humanas. A agricultura e a pecuária proporcionaram maior oferta de alimentos. Com isso, a população cresceu e as comunidades se tornaram maiores, formando as primeiras vilas e cidades.

Uma das cidades mais antigas é a de Çatal Huyük, que se formou há cerca de 9 mil anos, no sul da atual Turquia. Escavações arqueológicas, feitas a partir de 1958, revelaram que Çatal Huyük chegou a abrigar 10 mil pessoas. Seus moradores dedicavam-se à agricultura e a muitas outras atividades, como o artesanato e a escultura. Por sua importância, o **sítio arqueológico** de Çatal Huyük é considerado **patrimônio da humanidade** pela Organização das Nações Unidas para a Educação, a Ciência e a Cultura (Unesco).

Além de Çatal Huyük, muitas outras cidades surgiram em diversas regiões do mundo após a difusão da agricultura e da criação de animais.

sítio arqueológico: local onde ficaram preservados artefatos, construções e outras evidências das atividades humanas no passado.

patrimônio da humanidade: bem cultural ou natural que tem valor para a humanidade e, por isso, precisa ser preservado.

Essa ilustração é uma representação atual de como teria sido a cidade de Çatal Huyük há milhares de anos. Observe como ela era formada por casas de tijolos unidas entre si, como uma colmeia de abelhas. Não havia ruas entre as casas e a entrada era pelo teto, onde se subia usando uma escada de madeira.

A maioria das cidades formadas nessa época se encontrava nas proximidades dos grandes rios, como o rio Nilo, no Egito, os rios Tigre e Eufrates, na Mesopotâmia, o rio Indo, na Índia, e os rios Azul e Amarelo, na China (observe o mapa abaixo). A proximidade com esses grandes rios tornava possível a agricultura em larga escala. Os habitantes dessas cidades construíram sistemas de irrigação que conduziam a água dos rios para as lavouras, garantindo a fertilidade do solo o ano inteiro.

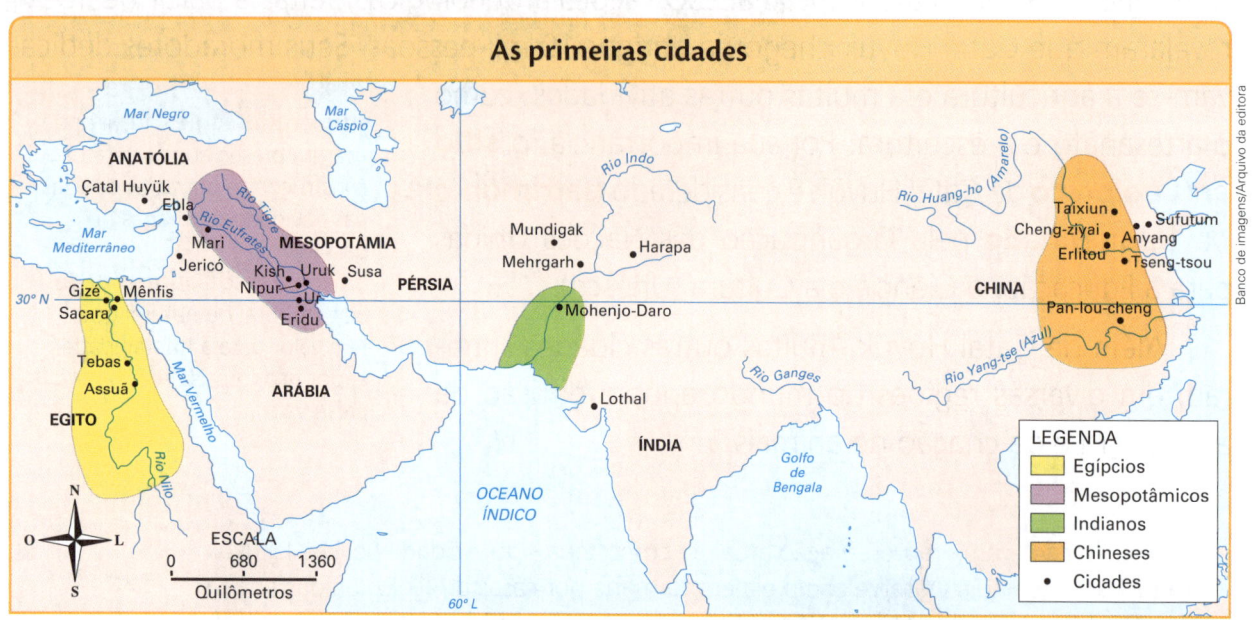

A aurora da humanidade. Rio de Janeiro: Time Life/Abril Livros, 1993. p. 22-23. (Coleção História em revista).

A origem do comércio

O aumento da produção de alimentos e a vida nas cidades possibilitaram a alguns membros das comunidades que se especializassem em outras atividades, além da agricultura e da criação de animais. Surgiram profissões como: fabricante de tijolos e cerâmica, alfaiate, tecelão, joalheiro, escultor, soldado e sacerdote.

Com a especialização, nasceu também o comércio. O fabricante de cerâmica, por exemplo, podia trocar seus vasos e potes por cereais, por couro de animais ou por qualquer outra coisa de que precisasse. A concentração da população nas cidades facilitava essas trocas.

Havia trocas não só entre os habitantes de uma mesma cidade, mas também com outras cidades, o campo, os vilarejos e os povos seminômades de regiões mais distantes. Uma determinada cidade podia, por exemplo, ter a função de centro comercial de uma área maior. Assim, os moradores dos vilarejos vizinhos visitavam essa cidade para fazer trocas comerciais. Isso significa que, com a maior especialização, os habitantes de cada cidade produziam uma variedade de produtos, mas também dependiam de produtos vindos de fora.

1 Elabore frases com os termos apresentados a seguir.

a) Caçadores-coletores – nômade – deslocar – região – alimentos – sobrevivência

....

....

....

b) Agricultura – criação de animais – sedentarização – grupos humanos

....

....

....

c) Concentração – população – cidades – especialização – comércio

....

....

....

2 Escreva no quadro a letra que corresponde à frase adequada para completá-lo.

A. Domínio das técnicas da agricultura e da criação de animais.
B. Cada um podia trocar com o outro aquilo de que precisasse.
C. As primeiras cidades situavam-se nas proximidades dos grandes rios.
D. A população cresceu, levando à formação de vilas e cidades.
E. Alguns membros da comunidade se especializaram em outras atividades, além da agricultura e da criação de animais.
F. Garantiam a fertilidade do solo o ano inteiro.

Surgimento das cidades		
Causa	Fato	Consequência
	Aumento da oferta de alimentos.	
	Construção de sistemas de irrigação para abastecer as lavouras.	
	Aparecimento da atividade comercial.	

O Estado e o papel da religião

> Você já pensou em qual é o papel do Estado no cotidiano das pessoas?

As civilizações antigas eram caracterizadas por um conjunto de vilas e cidades que tinham alguns traços em comum, como língua, cultura e religião. São elementos que caracterizam uma civilização: a existência de cidades, a especialização do trabalho, o domínio da escrita e a presença de **instituições** complexas, como o governo e o Estado. Duas das mais antigas civilizações da história humana se desenvolveram em uma região conhecida como "Crescente Fértil", por causa de suas terras boas para a agricultura em razão das cheias periódicas de grandes rios, como o Nilo, o Jordão, o Tigre e o Eufrates. Diversos povos fundaram vilas e cidades às margens desses rios. Observe o mapa nesta página.

instituição: cada uma das estruturas sociais que regem uma comunidade, estabelecidas por lei ou pela tradição.

Algumas civilizações criaram sistemas de irrigação e armazenagem para utilizar a água dos rios na agricultura e na criação de animais. A construção desses sistemas exigia técnicas sofisticadas e o trabalho coordenado de milhares de pessoas. O aumento da população e sua especialização em diversas profissões, a complexidade dos sistemas de irrigação e o surgimento do comércio tornaram necessária a existência do **Estado**, um conjunto das instituições que controlam determinado território. O Estado e seus funcionários exercem várias

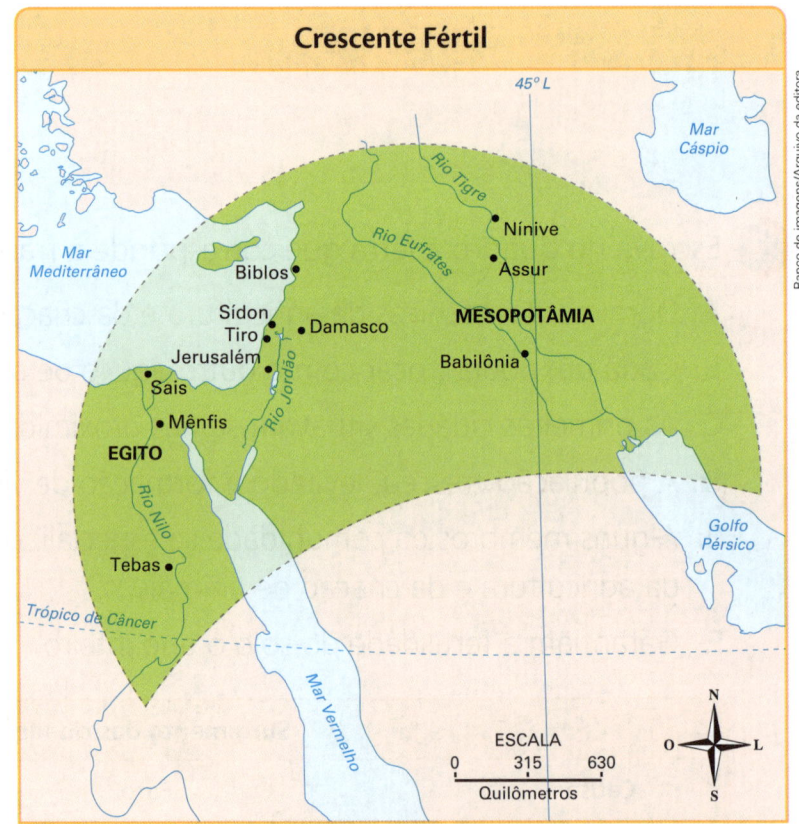

VICENTINO, Cláudio. **Atlas histórico:** geral e Brasil. São Paulo: Scipione, 2011. p. 35.

funções, como: manter a lei e a ordem nas cidades, protegê-las de invasões, coordenar as etapas dos trabalhos agrícolas e estabelecer regras para diversas profissões e para o comércio. Para realizar todas essas funções, o Estado cobrava da população parte das colheitas como tributo.

Na Antiguidade, o Estado não era separado da religião. Em geral, os governantes eram vistos como representantes dos deuses na Terra ou como seres sagrados. Eles exerciam seu poder e influência com o auxílio dos sacerdotes.

Quase todos os povos da Antiguidade eram **politeístas**, ou seja, acreditavam em várias divindades. Os deuses podiam simbolizar fenômenos da natureza ou forças que controlam a vida e as atividades humanas, tais como o destino, o tempo, a morte e a justiça. Acreditava-se, por exemplo, que as colheitas e a prosperidade das cidades dependiam do culto aos deuses.

Civilização mesopotâmica

Mesopotâmia é um termo que vem da língua grega e significa "terra entre rios". A civilização mesopotâmica recebeu esse nome porque se localizava em um vale situado entre os rios Tigre e Eufrates, na região onde hoje se encontra o Iraque.

Há cerca de 8 500 anos, diversos povos, como os sumérios, os acádios e os caldeus, começaram a povoar essa região. Eles desenvolveram complexas técnicas de irrigação para aproveitar os períodos de cheia e controlar as águas dos rios. Com o tempo, fundaram várias cidades – Lagash, Ur, Eridu e Uruk são algumas delas. Cada cidade era um Estado independente: tinha suas próprias leis e seu próprio governo. As cidades competiam entre si e muitas vezes entravam em guerra umas com as outras.

No centro das cidades mesopotâmicas havia um templo chamado **zigurate**. Nele, os **excedentes** agrícolas eram armazenados. Isso permitia alimentar a população em épocas de fome, fazer comércio com outros povos e financiar exércitos para proteger e expandir o território dessas cidades.

> **excedente:** aquilo que sobra ou excede; parte da produção que não foi consumida e, por isso, é armazenada para o futuro ou para intercâmbio comercial.

Os zigurates representavam a união entre o céu e a terra. Os povos da Mesopotâmia acreditavam que as almas dos mortos chegavam ao céu subindo os degraus do templo. Abaixo, o zigurate de Ur, no Iraque, em foto de 2015.

A religião era muito importante na vida dos povos mesopotâmicos. Na Mesopotâmia, cada cidade tinha o seu deus. Os sacerdotes desempenhavam várias funções importantes. O texto a seguir trata de algumas delas:

> Cabia a eles articular os princípios divinos que situavam o homem acima da natureza, **incutir sistemas de culto** e regular as atividades de um grande contingente de pessoas [...] na realização de complexas tarefas comunitárias [...]. Os sacerdotes definiam os calendários que determinavam os horários de trabalho, culto e alimentação de toda a população.
>
> KOTKIN, Joel. **A cidade:** uma história global. Rio de Janeiro: Objetiva, 2005. p. 37.

incutir: inspirar, introduzir ou cultivar (no espírito).
sistema de culto: conjunto de crenças e rituais religiosos.

Ao lado do zigurate ficava o palácio do governo. Como vimos, o governante era um chefe ou rei considerado representante dos deuses para governar. O poder geralmente era transferido para um de seus descendentes.

A origem da escrita

Na Mesopotâmia foi desenvolvida a **escrita cuneiforme**, o primeiro sistema de escrita de que se tem notícia. Os símbolos eram gravados em placas de argila com uma cunha. Inicialmente, essa escrita era utilizada para registrar a contabilidade dos templos, a produção das colheitas, os tributos pagos, os empréstimos e as transações comerciais. Com o tempo, ela passou a ser utilizada também para registrar a história, as tradições, os mitos e a literatura dos povos da Mesopotâmia.

Cunhas de cerca de 2200 a.C., utilizadas para gravar os símbolos nas placas de argila.

A escrita e a interpretação dos símbolos cuneiformes eram tarefas complexas que apenas um pequeno grupo de pessoas dominava: os escribas. A profissão de escriba era muito valorizada na sociedade mesopotâmica e garantia riqueza e privilégios. Para se tornar escriba, era necessário frequentar uma espécie de escola desde criança e fazer uma série de exercícios até aprender todos os sinais e seus significados em cada uma das línguas faladas na Mesopotâmia.

• Elementos não proporcionais entre si

Placa de argila com escrita cuneiforme, de cerca de 2500 a.C.

Civilização egípcia

A povoação do Egito começou há cerca de 7 mil anos. Tribos nômades vindas de regiões próximas foram atraídas pelas terras férteis às margens do rio Nilo e começaram a construir vilarejos no local. A região tinha ainda outra vantagem: o deserto do Saara funcionava como uma barreira natural contra invasões de povos estrangeiros.

Com o tempo, esses vilarejos se uniram, formando dois reinos: um ao norte do rio Nilo e outro ao sul. Diferentemente da Mesopotâmia, os dois reinos foram unificados em um Estado centralizado, governado por um **faraó**, há cerca de 5 mil anos.

A centralização facilitou a organização do trabalho para as obras de irrigação, garantindo a melhoria das colheitas e permitindo o crescimento de cidades como Tânis, Mênfis e Tebas. A agricultura dependia de cheias periódicas do rio Nilo. Nos períodos de cheia, formavam-se depósitos de **húmus** no solo; essa substância fertilizava uma estreita faixa de terra nas duas margens do rio.

O faraó era visto como um deus. Ele era considerado proprietário de todas as terras e riquezas do Egito e exercia seu poder com a ajuda de funcionários, soldados e sacerdotes. Os funcionários do faraó controlavam os trabalhos agrícolas e armazenavam os excedentes das colheitas, que eram utilizados no comércio com outros povos e para financiar grandes obras, como a construção de templos e pirâmides.

faraó: título dado aos soberanos no Egito antigo.
húmus (ou humo): camada superior do solo com grande quantidade de matéria orgânica.

Leia
Diário de Pilar no Egito

As pirâmides do Egito foram erguidas há mais de 3 mil anos. Elas eram as tumbas dos faraós e representavam seu imenso poder na sociedade egípcia. Técnicas avançadas de edificação foram utilizadas em sua construção, que exigiu o trabalho de milhares de pessoas, muitas delas escravos. Na foto, as pirâmides de Gizé, em 2016.

Como os mesopotâmicos, os egípcios eram politeístas, e a religião também desempenhava um papel muito importante na vida de todos. Existiam deuses com forma humana, deuses com forma de animais ou, ainda, com formas humanas e de animais ao mesmo tempo. Havia, por exemplo, deuses com forma de gato, chacal, serpente e crocodilo. Os egípcios acreditavam que os deuses habitavam os templos e que deviam ser celebrados pelos seres humanos com cantos, danças e oferendas. Se os deuses não fossem celebrados, acreditava-se que tragédias como doenças, seca e fome poderiam se abater sobre a população.

Os egípcios desenvolveram um sistema de escrita conhecido como **hieroglífico**. A palavra "hieróglifo" significa "escrita dos deuses", pois os egípcios acreditavam que a escrita era um presente dos deuses aos seres humanos. Os hieróglifos eram escritos com pincéis e tinta sobre folhas feitas com a fibra do papiro, planta típica da região. De seu caule extraíam-se fibras finas e maleáveis, que eram utilizadas na fabricação de folhas de papiro, tecidos, cordas e outros materiais.

Detalhe de papiro com escrita hieroglífica do Egito antigo, datado do século I a.C.

Relevo representando um dos filhos do deus egípcio Hórus, feito entre 715 a.C. e 332 a.C.

• Elementos não proporcionais entre si

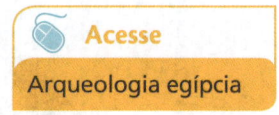

Acesse
Arqueologia egípcia

1. No caderno, crie perguntas para as respostas a seguir.

   a) Suas principais funções eram manter a lei e a ordem nas cidades, protegê-las de invasões de povos inimigos, coordenar as etapas dos trabalhos agrícolas e estabelecer regras para diversas profissões e para o comércio.

   b) Eles eram vistos pela população como representantes dos deuses na Terra ou até mesmo como seres sagrados.

2 Numere os itens de acordo com o significado de cada uma das palavras a seguir.

1. Cuneiforme   **2.** Hieroglífico   **3.** Pirâmides   **4.** Politeísmo

☐ Foram construídas para serem as tumbas dos faraós e representavam seu imenso poder na sociedade.

☐ Crença religiosa em mais de um deus.

☐ Sistema de escrita dos antigos egípcios.

☐ Primeiro sistema de escrita de que se tem notícia, desenvolvido pelos mesopotâmicos.

Vamos falar sobre...

Identidade e formas de marcação do tempo

Cada povo e cada civilização caracterizam-se por crenças, cultura e valores distintos, que os diferenciam de outros povos e civilizações e que constituem a sua identidade. Uma das principais criações culturais que distinguem os povos é a forma como marcam a passagem do tempo. Uma das maneiras de marcar o tempo é por meio de calendários. Eles permitiam organizar os trabalhos agrícolas, dividindo o ano em meses e em estações, com base na observação dos astros.

O primeiro calendário que se conhece surgiu na Mesopotâmia por volta de 2700 a.C. Ele dividia o ano em 12 meses de 29 ou 30 dias, com base nas fases da lua – cada fase de lua nova dava início a um novo mês. O ano lunar tinha 354 dias. Para corrigir a defasagem em relação ao ano solar, a cada três anos os mesopotâmicos adicionavam um mês ao calendário.

O calendário solar, mais preciso que o lunar, foi inventado pelos egípcios. Ele dividia o ano em 12 meses de 30 dias, além de cinco dias a mais, chamados de "epagômenos". O ano desse calendário tinha 365 dias.

O calendário atualmente em uso, chamado de gregoriano, também divide o ano em 365 dias, mas não usa mais o movimento dos astros como referência.

- Qual é a importância do calendário para a organização de nosso cotidiano escolar?

Fazendo História!

Patrimônio cultural

O patrimônio cultural inclui todos os bens que tenham valor artístico, histórico ou cultural. Ele pode ser dividido em patrimônio material e patrimônio imaterial. Construções, monumentos, sítios arqueológicos, objetos de arte, mobiliário, utensílios e máquinas, por exemplo, fazem parte do patrimônio material. Já o patrimônio imaterial é constituído por tradições culturais, jogos, mitos, lendas, danças, receitas culinárias e técnicas diversas.

As ruínas da antiga cidade de Mênfis foram consideradas patrimônio da humanidade em 1979. Mênfis foi fundada há mais de 5 mil anos e é testemunho do desenvolvimento e do declínio da civilização egípcia. Foto de 2016.

O patrimônio cultural abrange a história, os costumes e as tradições que caracterizam os grupos humanos. Portanto, pode ser considerado a expressão da identidade de um povo.

Preservar o patrimônio é importante porque ele mantém viva, para as gerações futuras, a memória das gerações passadas. O patrimônio pode ser considerado uma herança que as novas gerações recebem das gerações anteriores.

A Organização das Nações Unidas para a Educação, a Ciência e a Cultura (Unesco) é a instituição que reconhece os bens culturais considerados patrimônio de toda a humanidade pela sua importância histórica, artística e cultural. Ela atua também para ajudar a preservar o patrimônio histórico.

A cidade de Ouro Preto, localizada no estado de Minas Gerais, foi fundada no fim do século XVII e passou a ser considerada patrimônio histórico da humanidade em 1980. A produção artística e cultural da cidade foi caracterizada por trocas culturais entre portugueses, escravizados trazidos da África e os descendentes desses povos, nascidos no Brasil. Na foto de 2016, o centro histórico de Ouro Preto.

1) Leia a notícia, observe a imagem e responda às questões.

> [...]
> A Unesco considerou a destruição do sítio arqueológico de Nimrud por terroristas do **Estado Islâmico** um "crime de guerra" e pediu que os patrimônios da humanidade sejam protegidos. [...]
> As descobertas dos tesouros do parque de Nimrud na década de 1980 são consideradas as mais importantes do século 20. Fundada há mais de 3.300 anos, a cidade [...] está localizada à margem do rio Tigre, ao sul da segunda maior cidade do Iraque, Mosul, que foi tomada pelo Estado Islâmico em junho.
>
> Unesco chama de "crime de guerra" destruição de sítio arqueológico pelo EI. Revista **Veja**, 6 de março de 2015. Disponível em: <http://veja.abril.com.br/mundo/unesco-chama-de-crime-de-guerra-destruicao-de-sitio-arqueologico-pelo-ei/>. Acesso em: janeiro de 2018.
>
> **Estado Islâmico:** grupo radical que atua no Iraque e na Síria.

Destruição pelo Estado Islâmico de esculturas produzidas pela cultura assíria, Mossul, Iraque. Cena de vídeo gravado em 2014.

a) Qual é o assunto da notícia?

b) Por que patrimônios da humanidade, como o sítio de Nimrud, precisam ser preservados?

c) Em sua opinião, o que podemos fazer para ajudar a preservar os patrimônios da humanidade?

Vamos retomar

1 Leia o texto e faça no caderno as atividades propostas.

> Por longos períodos, as tribos pioneiras que estavam ocupando plantações e criando rebanhos tiveram de coexistir com os povos nômades. Essa convivência impunha certa tensão. Em tempo de fome, os nômades famintos eram tentados a atacar os vilarejos vizinhos que mantinham estoques de grãos e rebanhos de animais. [...] O futuro estava com os novos fazendeiros e pastores de rebanhos; ter acesso ao celeiro em tempos de fome era possuir um patrimônio que nenhuma tribo na era nômade poderia possuir. Durante a seca, o vilarejo que tivesse um bom estoque de grãos e um rebanho de ovelhas ou cabras poderia sobreviver por mais tempo.
>
> BLAINEY, Geoffrey. **Uma breve história do mundo**. São Paulo: Fundamento, 2008. p. 33.

a) Por que as tribos sedentarizadas, que ocupavam plantações e criavam rebanhos, estavam sujeitas a ataques de povos nômades?

b) Explique a relação existente entre o processo de sedentarização e a formação das primeiras vilas e cidades.

2 O que é o Crescente Fértil?

3 Mencione as principais características dessas duas civilizações que se formaram na região do Crescente Fértil.

a) Civilização mesopotâmica:

b) Civilização egípcia:

Autoavaliação

Terminamos a unidade 1! Leia as frases abaixo e faça um **X** no desenho que melhor expressa sua opinião sobre cada uma delas.

1. Consegui entender como aconteceu a passagem do estilo de vida nômade para o estilo de vida sedentário.			
2. Compreendi como surgiram as primeiras cidades.			
3. Entendi o surgimento do Estado.			
4. Entendi a importância da religião nas primeiras civilizações.			
5. Conheci a formação, o povoamento e as principais características da civilização mesopotâmica e da civilização egípcia.			
6. Sei reconhecer a relação entre a identidade de um povo e seu patrimônio cultural.			

Sugestões

 Para ler

- **Diário de Pilar no Egito**, de Flávia Lins e Silva, Pequena Zahar.

  Pilar é uma menina que adora viajar pelo mundo junto com seu amigo Breno e seu gato Samba. Toda vez que viaja, Pilar faz registros em seu diário. Nessa viagem ao Egito antigo, Pilar e seus amigos vivem uma grande aventura: conhecem as pirâmides, entendem a religião egípcia, decifram hieróglifos e navegam pelo rio Nilo.

 Para acessar

- **Arqueologia egípcia.** Disponível em: <http://arqueologiaegipcia.com.br>. Acesso em: maio de 2018.

Esse *site* foi criado pela arqueóloga Márcia Jamille e traz uma diversidade de informações sobre a antiga civilização egípcia. No *link* <http://arqueologiaegipcia.com.br/2014/10/12/criancas-no-antigo-egito/> (acesso em: maio de 2018), você pode saber como era a vida das crianças no Egito antigo.

UNIDADE

2 Quando o Brasil era de Portugal

Nesta unidade você vai:

- Identificar as primeiras atividades econômicas desenvolvidas pelos portugueses nas terras que mais tarde formariam o Brasil.
- Reconhecer a existência de trabalho escravo de indígenas e africanos na exploração das riquezas da colônia.
- Compreender a relação entre colônia (Brasil) e metrópole (Portugal) no início da colonização.
- Diferenciar os sistemas de organização administrativa do Brasil no início da colonização.
- Entender a organização da sociedade colonial e o papel da mulher naquele período.
- Conhecer os direitos dos indígenas no presente.

Observe a pintura e converse com os colegas e o professor.

1. O que podemos observar nessa cena?

2. Como você acha que foi o encontro entre portugueses e indígenas? Você concorda com a maneira como o pintor representou esse encontro?

Fundação de São Vicente (detalhe), de Benedito Calixto, 1900 (óleo sobre tela, de 1,88 m × 3,79 m). Nessa tela, o pintor representou sua visão do encontro entre portugueses e indígenas na capitania de São Vicente no início da colonização.

Império marítimo português

> Como você imagina que ocorreu a exploração e o povoamento quando os portugueses chegaram ao território americano?

Os Estados modernos começaram a surgir no século XV, com a centralização e a unificação do poder nas mãos das **monarquias**. Portugal foi um dos primeiros Estados europeus a se unificar, o que lhe permitiu sair à frente na concorrência por territórios e riquezas.

No fim do século XV e início do XVI, o Estado português havia se tornado um império marítimo e comercial, estabelecendo colônias e **feitorias** na Ásia, África e América. Esse domínio favoreceu relações comerciais e trocas culturais entre diferentes sociedades. Observe o mapa.

> **monarquia:** forma de governo em que o poder é exercido por um rei ou monarca.
> **feitoria:** local estratégico, escolhido pelos portugueses, para troca de mercadorias entre nativos e mercadores portugueses.

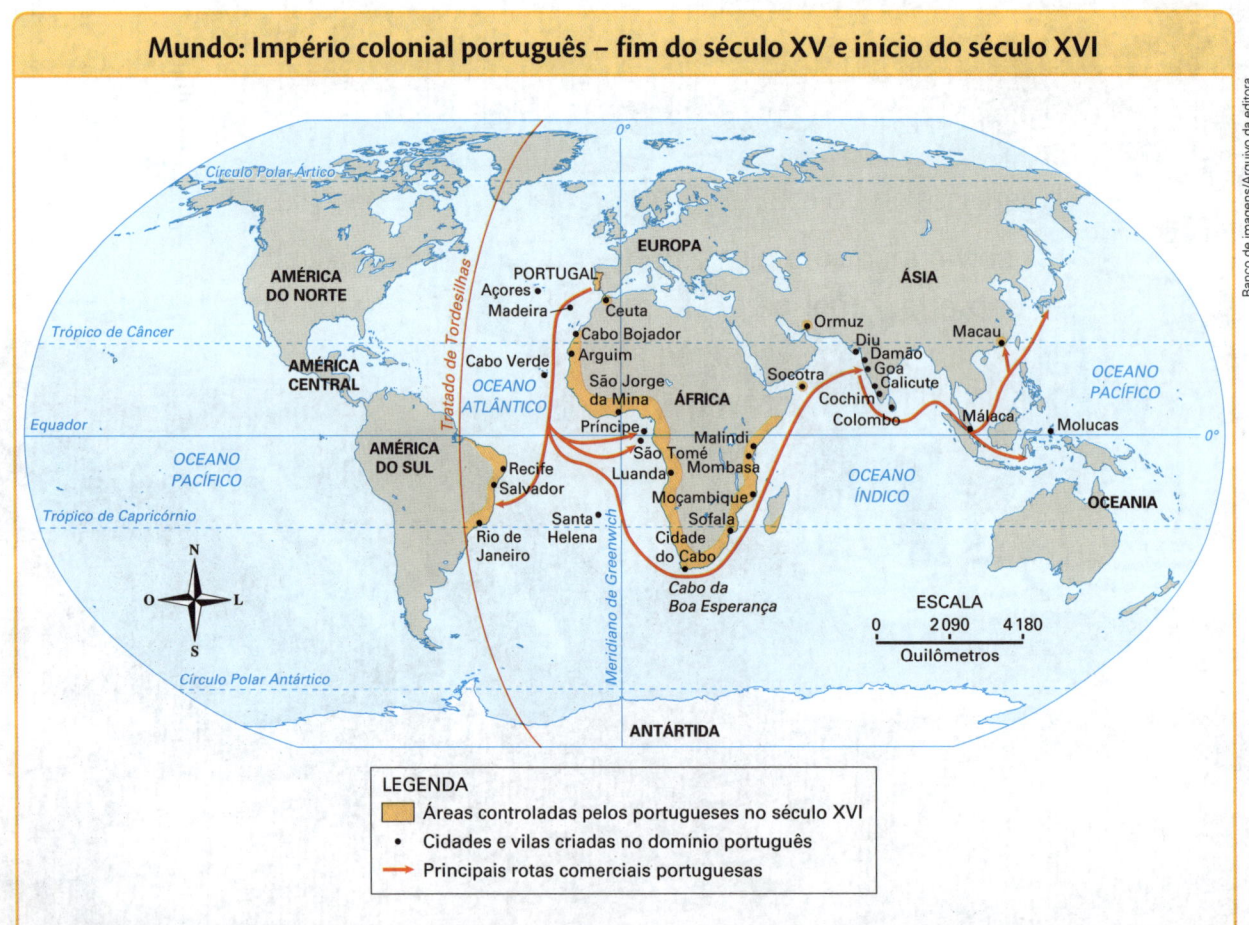

Mundo: Império colonial português – fim do século XV e início do século XVI

DUBY, Georges. **Atlas historique mondial**. Paris: Larousse, 2006. p. 40.

O território que hoje forma o Brasil era a parte americana desse império. Quando os portugueses aqui chegaram, em 1500, buscavam riquezas e recursos naturais que pudessem ser explorados para aumentar a renda da Coroa portuguesa e gerar lucro para os mercadores. Na época, as riquezas mais cobiçadas eram metais preciosos, como o ouro e a prata. Para explorar as riquezas de sua colônia, os portugueses negociaram com os indígenas a utilização de seus conhecimentos sobre a mata nativa.

Vamos falar sobre...

Biopirataria

Atualmente, os povos que vivem na Floresta Amazônica têm um modo de vida que não agride o meio ambiente. Eles conhecem a floresta e seus recursos e dominam técnicas de uso sustentável da pesca e da agricultura, como o uso de fertilizantes naturais.

Contudo, o crescimento das cidades, a construção de usinas e estradas e a exploração da floresta por grandes empresas têm ameaçado a existência e o modo de vida dessas populações. Há grupos econômicos que recorrem à **biopirataria** sem trazer nenhum benefício para essas comunidades tradicionais. A valorização dos povos da floresta e a preservação de suas tradições e de seu modo de vida são uma questão de cidadania e um dever de todos os brasileiros.

Pesca com arco e flecha por indígena da etnia Wayana, na aldeia Bona, Parque Indígena do Tumucumaque, em Laranjal do Jari, no estado do Amapá. Foto de 2015.

- A lista a seguir apresenta alguns produtos da Floresta Amazônica. Organizem-se em grupos. Cada grupo pesquisará um dos produtos. Depois, discutam o resultado da pesquisa, elaborem um cartaz e façam uma exposição oral das suas descobertas.

biopirataria: neste contexto, apropriação ilegal dos conhecimentos tradicionais dos povos da floresta por grupos privados (como indústrias farmacêuticas e de cosméticos) que visam obter lucro com esses saberes.

✓ Açaí   ✓ Andiroba   ✓ Copaíba   ✓ Espinheira-santa   ✓ Jaborandi

A exploração do pau-brasil

O pau-brasil era a principal riqueza extraída da colônia nos primeiros trinta anos da ocupação portuguesa. A árvore, também conhecida como pau-de-tinta ou ibirapitanga, como denominavam os indígenas que habitavam o território, era muito valorizada na Europa.

O pau-brasil era uma árvore nativa da Mata Atlântica e crescia no litoral sul-americano, desde a região do atual estado do Rio Grande do Norte até o atual estado do Rio de Janeiro. Sua exploração era feita pelos indígenas, que faziam a parte mais pesada do trabalho, como cortar, empilhar e transportar as toras para os navios em troca de objetos como facas, machados e anzóis. Esse tipo de troca era conhecido como escambo. A madeira era armazenada nas feitorias portuguesas, de onde era embarcada para a Europa.

Brasil, de Giovanni Battista Ramusio, 1556. Esse mapa representa a viagem do navegador francês Jean Parmentier pelo litoral do território que hoje forma o Brasil. Nele podemos observar os indígenas extraindo e carregando toras de pau-brasil.

As drogas do sertão

Outra riqueza também explorada pelos portugueses no período da colonização foram as drogas do sertão, nome dado aos produtos que não existiam na Europa, como cacau, canela, cravo, baunilha e guaraná.

Esses produtos tinham bons preços na Europa e eram utilizados principalmente no preparo de remédios e como tempero de alimentos. Eram encontrados na região amazônica e extraídos pelas missões jesuíticas, que utilizavam a mão de obra indígena para esse trabalho. Os bandeirantes também adentravam o sertão em busca desses produtos, entrando, muitas vezes, em conflito com jesuítas e indígenas das missões.

1 Responda às questões a seguir, sobre o Império colonial português.

a) O Império colonial português começou a se formar no século XV. Que anos compreendem esse século?

b) De acordo com o mapa da página 26, que áreas pertenciam ao Império colonial português entre os séculos XV e XVI?

c) O que o domínio português favoreceu?

2 Que riquezas os portugueses esperavam encontrar inicialmente no território americano?

3 Que riquezas os portugueses exploraram de fato nessas terras?

4 Observe a gravura, leia a legenda com atenção, troque ideias com os colegas e responda às questões.

Descrição da minha primeira viagem de navio de Lisboa, Portugal, de Theodore de Bry, 1592 (gravura em metal). As mercadorias e as especiarias trazidas do Oriente e das colônias portuguesas entravam na Europa pelo porto de Lisboa, capital de Portugal. Esses produtos interessavam a pessoas de todo o mundo, que circulavam pela cidade em busca de bons negócios.

a) Que elementos da gravura indicam que o artista representou um porto?

_____

_____

b) Por que os produtos entravam em Portugal pelo porto?

_____

_____

c) Qual é a relação entre o porto representado na gravura e os produtos explorados na colônia portuguesa nessa época?

_____

_____

UNIDADE 2

As capitanias hereditárias

Com a conquista, as terras onde hoje se localiza o Brasil passaram a ser uma posse de Portugal. Na época, a principal função das colônias era produzir riquezas para a **metrópole** (Portugal, neste caso).

Contudo, o Estado português não tinha recursos para explorar o território conquistado. Além disso, o território era constantemente ameaçado por ataques de piratas e por interesses de outros Estados europeus, como França e Holanda.

Diante da ameaça constante de invasão das terras por estrangeiros que também queriam explorar as riquezas do território e não reconheciam o Tratado de Tordesilhas, em 1534, o rei de Portugal decidiu dividir o território americano em **capitanias hereditárias**.

O território foi então dividido em 15 faixas horizontais. Cada **donatário** recebia a sua capitania com a condição de explorá-la com seus próprios recursos. Entre as suas obrigações estavam: defender a terra contra invasões estrangeiras, garantir o povoamento e organizar as atividades econômicas.

hereditário: que pode ser herdado, transmitido aos descendentes.
donatário: nobre português a quem a metrópole doava a capitania hereditária na colônia.

Mapa de Luís Teixeira, cartógrafo português, de cerca de 1586, representando as capitanias hereditárias. Essas capitanias foram o primeiro sistema de ocupação e exploração do território do Brasil. No entanto, houve donatários que jamais estiveram no Brasil; outros, pouco se interessavam por suas propriedades. Somente as capitanias de São Vicente, mais ao sul, e de Pernambuco, mais ao norte, se desenvolveram.

O governo-geral

O sistema de capitanias hereditárias fracassou. O Estado português encontrou, então, outra solução para garantir o controle e a defesa do território: o governo-geral.

O primeiro governador-geral da colônia portuguesa, Tomé de Sousa, chegou em 1549. Ele era encarregado de defender a costa e o interior do território contra invasores, garantir o cumprimento da lei, **assentar** colonos e organizar a administração da colônia. Para isso, ele fundou a cidade de Salvador, primeira capital do Brasil, no atual estado da Bahia.

Com a comitiva de Tomé de Sousa, vieram os jesuítas, padres missionários que tinham a missão de catequizar os indígenas, ou seja, convertê-los à fé católica. Acreditava-se que a religião facilitava a submissão da população nativa à Igreja e ao Estado português.

assentar: dar posse legal de terra.

1 Por que a colônia portuguesa era um território ameaçado por invasões estrangeiras?

2 Qual foi o primeiro sistema de administração estabelecido para a colônia portuguesa?

3 Por que o Estado português dividiu sua colônia americana em capitanias?

4 A quem pertencia uma capitania hereditária?

5 Converse com os colegas sobre as questões a seguir.
   a) Por que o governo-geral foi implantado na colônia?
   b) Quais eram as funções do governador-geral?

A sociedade colonial

> Como vocês imaginam a divisão da sociedade no período do Brasil colonial? Os direitos e deveres eram iguais para todos? Que funções as mulheres desempenhavam?

Caçada aos "negros da terra"

A parceria entre indígenas e colonos não durou muito. Os colonos da capitania de São Vicente necessitavam de mão de obra para os trabalhos em suas propriedades. Para isso, começaram a escravizar os indígenas, que eram chamados de "negros da terra". Eles eram aprisionados pelos bandeirantes no sertão e depois vendidos como escravos para cumprir diversas funções.

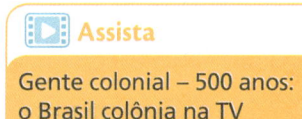

Assista

Gente colonial – 500 anos: o Brasil colônia na TV

> Uma vez escravizado, o índio era submetido a todo tipo de trabalho: nas lavouras, na derrubada das matas, no preparo das roças, nos engenhos, nos moinhos, nas casas, no transporte de mercadorias, equipamentos e alimentos, na construção de casas e edifícios, na caça, na pesca, no combate a outros povos. [...]
>
> FERREIRA, Antonio Celso; IVANO, Rogério. **A conquista do sertão**. São Paulo: Atual, 2002. p. 19. (Coleção A vida no tempo).

Soldados índios de Curitiba, escoltando selvagens, de Thierry Frères, 1834, a partir de desenho de Jean-Baptiste Debret (litografia, de 49 cm × 34 cm). Uma das atividades mais lucrativas dos bandeirantes era aprisionar indígenas.

Cana-de-açúcar e escravidão dos africanos

Entre os séculos XVI e XVII, nas capitanias de Pernambuco e Bahia, desenvolveu-se a cultura da cana-de-açúcar. Os donatários buscavam recursos para construir os engenhos e produzir o açúcar, que depois seria exportado para a Europa.

As mudas de cana-de-açúcar, a maior parte dos equipamentos necessários à produção e muitos dos produtos utilizados no cotidiano vinham do continente europeu. No mesmo período, navios transportando escravizados chegavam da África. Os engenhos de açúcar dependiam do trabalho dos africanos escravizados, responsável por quase todas as fases do processo de produção de açúcar.

Moagem de cana na fazenda Cachoeira, em Campinas, de Benedito Calixto, 1880, com base em desenho de Hercule Florence (óleo sobre tela, de 1,05 m × 1,36 m). A tela representa um engenho movido a tração animal. Para moer a cana, os bois giravam ao redor da roda do engenho. Um engenho em pleno funcionamento precisava, em média, de 80 trabalhadores. Os maiores engenhos chegaram a ter 200 escravizados trabalhando.

1. Por que os indígenas eram chamados "negros da terra"?

2. Observe a pintura desta página e responda às questões.

    a) Que produto está sendo processado na moenda?

    b) Que tipo de mão de obra é utilizado nesse trabalho?

3 Leia o texto e faça as atividades a seguir.

> A mãe de Iamê era uma índia guarani e havia sido **apresada** em uma das entradas de Dom Miguel pelo sertão. Era assim naquela época: os paulistas – que habitavam as colinas e os campos de São Paulo de Piratininga – passavam sua vida em viagens pelo sertão para procurar ouro, prata e aprisionar os índios. Iam a pé, em longas marchas pelas matas, desbravando a terra, descobrindo novos lugares, conquistando o país. Eram homens fortes, ambiciosos, acostumados a viver no desconforto das matas.
>
> Na maioria das vezes, não achavam nem ouro nem prata, mas encontravam muitos índios que, também na maioria das vezes, conseguiam aprisionar, porque tinham a grande vantagem de carregar as poderosas armas de fogo que os índios nem sabiam bem o que eram. [...]
>
> Os que não morriam eram feitos prisioneiros e levados para trabalhar nas roças, ou eram vendidos como escravos para outros paulistas. Quase todo colono paulista, mesmo pobre, tinha um nativo para trabalhar por ele: os indígenas que caçavam, pescavam, plantavam, cozinhavam, cuidavam das crianças e ainda serviam de guia pelas matas do sertão.
>
> SILVEIRA, Maria José. **Iamê e Manuel Diogo nos campos de Piratininga na época dos bandeirantes**. Belo Horizonte: Formato, 2004. p. 13-14. (Coleção Meninos e meninas do Brasil).

apresar: aprisionar, capturar, tomar como presa.

a) Associe cada uma das palavras a seguir a sua definição.

1. Sertão **2.** Entrada **3.** Bandeirantes

☐ Expedição organizada pelo governo para aprisionar indígenas e buscar metais e pedras preciosas.

☐ Corresponde à região interior de um território.

☐ Participantes de expedições particulares no período colonial que partiam em busca de indígenas e riquezas.

b) Qual era a intenção de homens como Dom Miguel ao aprisionar os indígenas?

c) Que tipo de trabalho era feito pelos indígenas capturados?

A mulher no período colonial

A partir de 1550, começaram a chegar à colônia portuguesa na América as mulheres europeias. Eram órfãs, educadas em associações portuguesas, que deveriam casar-se com os colonos, ter filhos e educá-los de acordo com a sua religião.

No período colonial, a mulher era vista como propriedade do homem. A ela cabiam basicamente os afazeres domésticos e o cuidado com os filhos. As mulheres que tinham oportunidade de aprender prestavam serviços de interesse dos homens, como lidar com o comércio e ensinar os filhos dos senhores.

Mulheres negras, escravizadas ou forras (livres), assumiam outras funções. Era comum no cotidiano das vilas e cidades coloniais a presença de mulheres no pequeno comércio, como vendeiras, quituteiras e vendedoras ambulantes. A forte presença feminina no comércio de alimentos refletia a influência de duas tradições: a africana e a portuguesa. Lá como aqui, cabia às mulheres a tarefa de comercializar e distribuir produtos essenciais no cotidiano da população, como doces, frutas, hortaliças, queijos e outros.

Café torrado, de Jean-Baptiste Debret, 1834-1839 (litografia colorida à mão, de 49 cm × 34 cm). O comércio de alimentos comandado pelas mulheres (conhecidas como "negras do tabuleiro") era vital para abastecer as vilas e cidades no período colonial.

1. No processo de colonização, o que se pretendia com a vinda de mulheres europeias para a colônia portuguesa na América?

2. Analisando o contexto atual, o papel da mulher na sociedade brasileira mudou em comparação ao período colonial? Explique.

Uma sociedade de escravizados, homens livres e senhores

O conflito entre os interesses dos indígenas e os dos colonos europeus que passaram a ocupar o território foi uma das marcas da colonização do Brasil. No período colonial, a expansão das plantações levou à expulsão dos indígenas de suas terras. Os indígenas, assim como os africanos trazidos para a América, passaram a ser utilizados como mão de obra escrava.

A sociedade brasileira estava dividida entre escravizados, homens livres e senhores de terra. Os escravizados, indígenas ou africanos, eram considerados instrumentos de trabalho e podiam ser vendidos ou trocados como mercadorias. Já os homens livres (roceiros, artesãos, pequenos comerciantes) eram, em sua maioria, mestiços e de baixa renda.

Apenas brancos e donos de terra ou grandes comerciantes podiam ser eleitos para as câmaras municipais e ter cargos ou títulos na administração colonial. Eles eram chamados de "homens bons" e formavam a elite da sociedade colonial.

Enfim, era uma sociedade dividida de modo muito diferente do que estamos acostumados nos dias de hoje. A maior parte da população colonial, composta de escravizados (indígenas ou africanos) e mestiços, era marginalizada e não podia participar nas instituições administrativas ou religiosas da colônia.

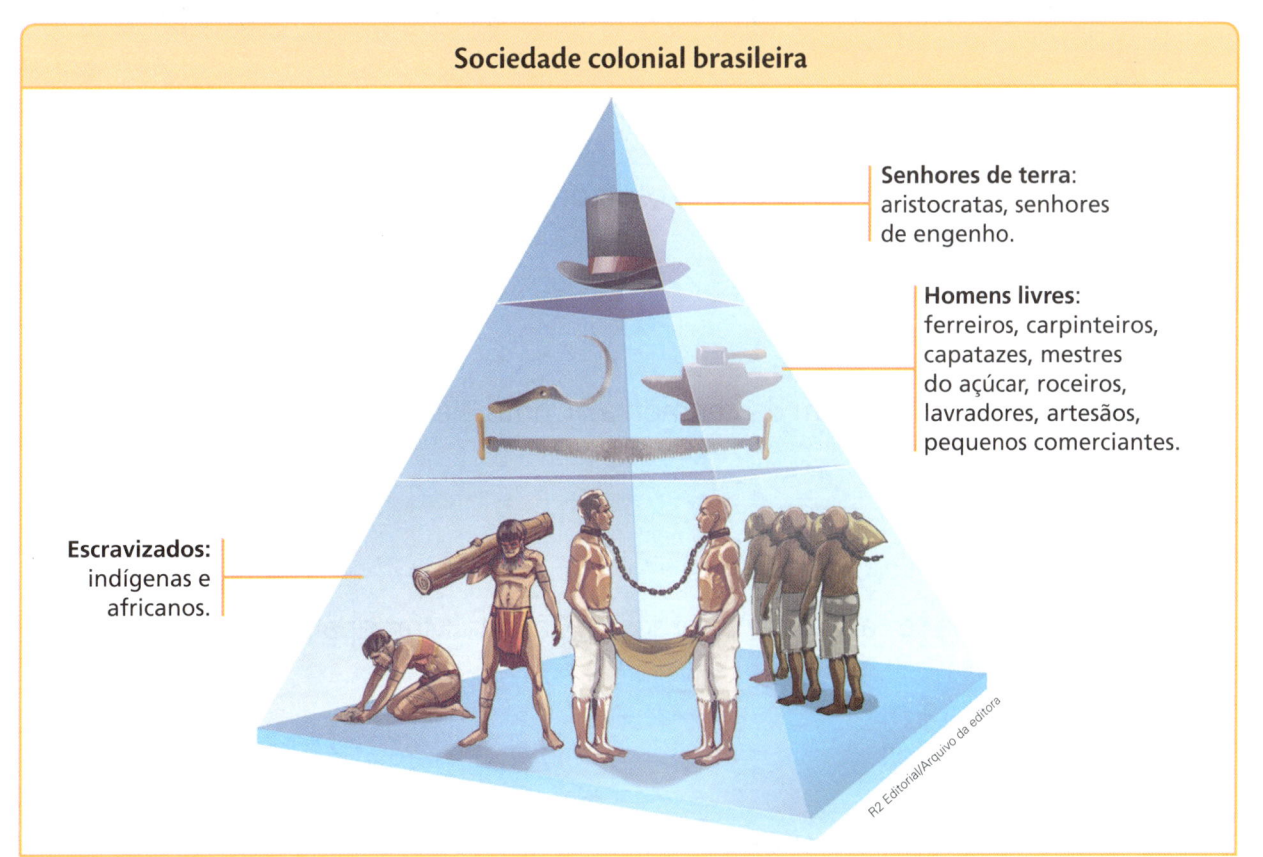

Sociedade colonial brasileira

Senhores de terra: aristocratas, senhores de engenho.

Homens livres: ferreiros, carpinteiros, capatazes, mestres do açúcar, roceiros, lavradores, artesãos, pequenos comerciantes.

Escravizados: indígenas e africanos.

1 Observe a pirâmide social, na página 37, e responda às questões no caderno.

a) Quem está no topo da pirâmide?

b) Quem compunha a maior parcela da sociedade colonial?

2 Observe a pintura e faça as atividades.

Instituição da Câmara Municipal de São Paulo, de Antônio Parreiras, 1913 (óleo sobre tela). Esse edifício foi construído em 1560, mas não era fácil encontrar homens dispostos a assumir a administração das vilas.

a) Quem participa efetivamente da cerimônia representada nessa pintura?

b) Os indígenas participam da cerimônia? Como eles se encontram na pintura?

c) Quem poderia se candidatar a cargos na Câmara Municipal no período colonial?

d) Na sua opinião, o que sugerem a postura e a posição da mulher na pintura?

UNIDADE 2

3 Leia o texto e um artigo da **Constituição** brasileira em vigor atualmente. Em seguida, faça o que se pede.

Texto 1

Hoje, a Constituição do Brasil garante a igualdade de todas as pessoas, independentemente de suas origens étnicas, gênero, língua, religião, estado social ou conjugal, crença religiosa, opinião política, etc. Mas não era assim que funcionava a sociedade na época em que o Brasil era colônia de Portugal.

Texto elaborado pelos autores.

Constituição: lei maior de um país. A Constituição define a organização do Estado, assim como os direitos e deveres do cidadão.

Texto 2

Art. 5º Todos são iguais perante a lei, sem distinção de qualquer natureza, garantindo-se aos brasileiros e aos estrangeiros residentes no País a **inviolabilidade** do direito à vida, à liberdade, à igualdade, à segurança e à propriedade [...]

BRASIL. Constituição da República Federativa do Brasil de 1988. Disponível em: <www.planalto.gov.br/ccivil_03/Constituicao/Constituicao.htm>. Acesso em: janeiro de 2018.

inviolabilidade: que não se pode desrespeitar, deixar de reconhecer.

a) Sublinhe no texto 1 a frase que explica o artigo de lei apresentado no texto 2.

b) Em sua opinião, é justo que todos os brasileiros tenham os mesmos direitos e deveres? Converse com um colega sobre essa questão e, depois, registre sua conclusões.

Fazendo História!

Direito indígena: a luta pelas terras

O Brasil é um país multicultural, pois nele há diferentes culturas que se relacionam. Essa convivência beneficia a todos e, muitas vezes, resulta em trocas de saberes, estimulando o respeito aos diferentes jeitos de ser, de pensar e de agir de cada povo.

Os povos indígenas do Brasil conquistaram o direito de manter e defender o seu modo de vida, suas crenças, tradições e costumes. É o que garante a Constituição de 1988, a lei maior do nosso país:

> Art. 231. São reconhecidos aos índios sua organização social, costumes, línguas, crenças e tradições, e os direitos originários sobre as terras que tradicionalmente ocupam, competindo à União demarcá-las, proteger e fazer respeitar todos os seus bens.
> BRASIL. Constituição da República Federativa do Brasil de 1988. Disponível em: <www.planalto.gov.br/ccivil_03/ Constituicao/Constituicao.htm>. Acesso em: janeiro de 2018.

A lei garante aos povos indígenas liberdade para lutar por seus direitos, aprender sua língua na escola e manter a posse da terra na qual tradicionalmente vivem.

Alunos da etnia Guarani na escola da aldeia Tekoá Porã, em Salto do Jacuí, no estado do Rio Grande do Sul. Foto de 2015.

Em 2016, indígenas dos povos Pataxó e Tupinambá se reuniram em frente ao Congresso Nacional, em Brasília, em defesa da demarcação de reservas indígenas. Os conflitos e protestos pela posse das reservas permanecem no cotidiano do Brasil atual.

1. Converse com os colegas e responda às questões no caderno.

   a) Qual é o principal direito garantido aos indígenas pela Constituição brasileira de 1988? O que representa a garantia desse direito?

   b) De que forma os indígenas podem lutar por seus direitos?

2. Observe o mapa a seguir e responda às questões.

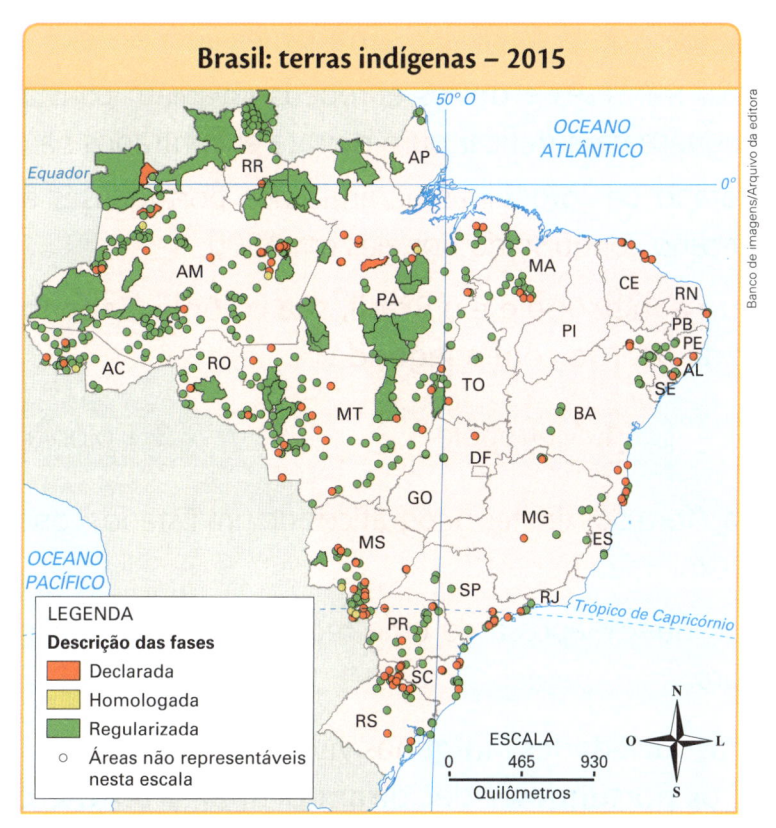

Brasil: terras indígenas – 2015

LEGENDA
Descrição das fases
- Declarada
- Homologada
- Regularizada
- ○ Áreas não representáveis nesta escala

IBGE. **Atlas geográfico escolar**. 7. ed. Rio de Janeiro, 2016. p. 112.

   a) Em que estados brasileiros está localizada a maior parte das terras indígenas reconhecidas pelo governo?

   b) Esses estados fazem parte de quais regiões do Brasil? Pesquise em um atlas.

3. Pesquisem sobre as terras indígenas no estado ou na região em que vivem e registrem em um cartaz: onde estão localizadas; as etnias indígenas presentes nelas; as ações que garantem o direito desses indígenas à terra.

Vamos retomar

1 Assinale somente as afirmativas corretas.

☐ Na época da chegada dos europeus ao continente americano, os portugueses tinham um enorme império marítimo.

☐ No início da exploração da América, os portugueses interessaram-se pelo pau-brasil e pelas drogas do sertão, mercadorias valorizadas na Europa.

☐ Piratas, franceses e outros europeus invadiam constantemente a colônia portuguesa para traficar ouro e prata encontrados na costa americana.

☐ O Tratado de Tordesilhas garantia aos portugueses a posse do território americano conquistado por eles em 1500.

2 Portugal era a metrópole e o Brasil, sua colônia. Sabendo disso, numere as definições de acordo com a legenda.

1. Metrópole   **2.** Colônia

☐ Região fora dos limites geográficos de um Estado, conquistada, administrada e explorada por ele.

☐ Estado que se apossa de uma região fora de seus limites geográficos e a explora.

3 Apesar de as sociedades indígenas viverem no território americano há muito tempo, os portugueses decidiram ocupar a terra e organizar um novo sistema de administração da colônia: as capitanias hereditárias. Com base nessas informações, responda às questões.

a) Quais eram as obrigações dos donatários?

_____

_____

_____

b) Qual foi a medida tomada pelo Estado português em função do fracasso desse sistema de administração do território?

_____

UNIDADE 2

Autoavaliação

Terminamos a unidade 2! Leia as frases abaixo e faça um **X** no desenho que melhor expressa sua opinião sobre cada uma delas.

	😀	🤔	😐
1. Sei identificar as primeiras atividades econômicas desenvolvidas pelos portugueses nas terras que mais tarde formariam o Brasil.			
2. Reconheço a existência de trabalho escravo de indígenas e africanos na exploração das riquezas da colônia.			
3. Compreendi a relação entre colônia (Brasil) e metrópole (Portugal) no início da colonização.			
4. Sei diferenciar os sistemas de organização administrativa do Brasil no início da colonização.			
5. Entendi a organização da sociedade colonial e o papel da mulher naquele período.			
6. Conheço os direitos dos indígenas no presente.			

Sugestão

Para assistir

- **Gente colonial – 500 anos: o Brasil colônia na TV.** Disponível em: <http://tvescola.mec.gov.br/tve/video;jsessionid=032712CDB047273B0F3822BCE07F39B7?idItem=4129>. Acesso em: maio de 2018.

Os personagens históricos do período colonial no Brasil são vividos por bonecos mamulengos que narram, de forma leve e descontraída, o modo como os primeiros colonos se adaptaram à nova terra, o processo de miscigenação e o contexto da chegada dos missionários jesuítas.

UNIDADE

3
O Brasil independente: nasce uma nação

Nesta unidade você vai:

- Entender o contexto da vinda da família real portuguesa para o Brasil.
- Entender o processo de independência do Brasil.
- Compreender o conceito de Constituição e o papel da primeira Constituição do Brasil.
- Reconhecer a função e a importância dos monumentos históricos.
- Conhecer o cotidiano dos escravizados no Rio de Janeiro do século XIX.
- Compreender a importância da cultura africana.

Observe a pintura e converse com os colegas e o professor.

1. Dom Pedro I foi coroado imperador do Brasil em 1822. Por que essa é uma cerimônia marcante na nossa história?

2. Você acha que as pessoas presentes nessa cerimônia representavam a sociedade brasileira da época? Explique.

A coroação de dom Pedro I, em 12 de outubro de 1822, foi uma cerimônia que contou com a presença da elite do Império. O artista Jean-Baptiste Debret, em 1828, representou o momento em **Coroação de dom Pedro I** (detalhe; litografia colorida à mão, de 49 cm × 34 cm).

45

A família real no Brasil

Assista
1808 – A família real no Brasil

> Você sabia que a família real portuguesa mudou-se para o Rio de Janeiro em 1808? Quais teriam sido os motivos dessa mudança?

O Estado português chegou ao início do século XIX enfraquecido e dependente economicamente da riqueza vinda de suas colônias e dos produtos **manufaturados** importados da Inglaterra. Os ingleses compravam, de Portugal, matérias-primas vindas do Brasil, como algodão, tabaco e madeiras, e vendiam produtos manufaturados para Portugal e para o Brasil, tais como: roupas, ferramentas, pianos, carruagens, etc. Esse comércio era muito mais vantajoso para a Inglaterra do que para Portugal, uma vez que a venda desses produtos proporcionava mais lucro do que a venda de matérias-primas.

manufaturado: o que é produzido em série, com padrão único, por processo manual ou mecânico, ou por combinação das duas formas.

Em 1807, Portugal estava sob ameaça de ser invadido pelo Estado francês, governado pelo imperador Napoleão Bonaparte, que tinha uma política de conquista de territórios na Europa e fora dela. Os interesses da França na Europa se confrontavam com os do governo inglês, e Portugal, aliado da Inglaterra, hesitava em romper com sua parceira comercial.

Ao saber que o governo francês planejava invadir Portugal, o príncipe regente, dom João, decidiu transferir a Corte portuguesa para o Brasil. A Corte incluía a família real e cerca de 15 mil pessoas, entre nobres, padres e profissionais a serviço da realeza. A viagem durou pouco mais de três meses. Após uma breve parada em Salvador, a família real portuguesa desembarcou no Rio de Janeiro em 8 de março de 1808.

Detalhe de **Embarque para o Brasil do príncipe regente de Portugal, D. João VI, e de toda a família real**, de Nicolas Delerive, 1807 (óleo sobre tela). Sob a proteção da marinha inglesa, a família real portuguesa embarcou às pressas para o Brasil em 29 de novembro de 1807.

UNIDADE 3

1 **Elabore uma pergunta adequada para cada uma das respostas a seguir.**

a) Porque Napoleão Bonaparte, imperador da França, ameaçava invadir Portugal.

b) Porque dom João não queria romper relações com a Inglaterra, que era sua parceira comercial e inimiga da França.

c) Porque Portugal vendia matérias-primas para a Inglaterra, que vendia produtos manufaturados para Portugal.

d) Chegaram ao Brasil em 1808.

2 **Reveja a pintura de Nicolas Delerive, na página anterior, e leia o texto.**

> [...] "Uma cena terrível de confusão e aflição tomou conta de todas as classes assim que se tornou conhecida a intenção do príncipe de embarcar para o Brasil: milhares de homens, mulheres e crianças estavam constantemente na praia, empenhando-se por escapar a bordo. Muitas senhoras distintas entraram na água na esperança de alcançar os botes, mas algumas, desgraçadamente, morreram na tentativa", descreve o tenente Thomas O'Neill, que estava ao mar, em seu navio, mas ouviu a história de outro oficial britânico [...].
>
> **Veja 1808** – Edição Especial. São Paulo: Abril, março de 2008. p. 13.

a) O texto e a pintura referem-se a que acontecimento?

b) Na sua opinião, a cena descrita no texto foi fielmente retratada na pintura? Descreva no caderno um detalhe da pintura que justifique sua resposta.

A abertura dos portos

A primeira medida tomada por dom João assim que chegou ao Brasil foi a abertura dos portos brasileiros às nações amigas. Em tese, isso significava que o Brasil deixava de ser uma colônia portuguesa, ficando livre para fazer comércio com qualquer outro lugar do mundo. Mas essa medida beneficiou principalmente os ingleses, que tinham condições privilegiadas para vender seus produtos manufaturados no mercado brasileiro.

Na prática, com a transferência da Corte portuguesa, o Brasil deixava de ser um território dependente de Portugal e passava a ser sede de todo o Império português. A partir desse momento, todas as decisões do Império passaram a ser tomadas em sua sede no Rio de Janeiro, e não mais em Lisboa.

Em 1815, dom João elevou o Brasil à categoria de Reino Unido a Portugal e Algarves. Apesar de ainda não ser independente, o Brasil, com essa decisão, já assumia características de um **Estado soberano**.

Estado soberano: Estado cujo governo tem soberania sobre determinada área geográfica, ou seja, não é subordinado a outro Estado.

Em 1816, com a morte da mãe, dona Maria I, dom João tornou-se rei, assumindo o nome dom João VI.

Mudanças no Rio de Janeiro

Em 1808, o Rio de Janeiro era uma cidade rústica e pacata. Com a vinda da família real portuguesa, a capital do Brasil passou por diversas modificações: obras de infraestrutura urbana foram realizadas; novos edifícios foram construídos para abrigar os órgãos do governo; parte da população foi obrigada a ceder sua residência para nobres, criados e funcionários da Corte.

Vista do Largo do Palácio, de Thierry Frères, 1834-1839, com base em desenho de Jean-Baptiste Debret (litografia, de 23 cm × 37,5 cm). Nesse largo, ficava o palácio real, de onde o rei, dom João VI, governava o Brasil e o Império português.

Além dos portugueses, muitos estrangeiros migraram para o Rio de Janeiro. Com isso, entre 1808 e 1820, a população da cidade passou de 60 mil para 90 mil pessoas. Entre esses estrangeiros estavam cientistas, artistas, militares e arquitetos.

Para desenvolver a economia, a arte, a ciência e a cultura no Brasil, novas instituições foram criadas. Observe o quadro:

Instituição	Ano de fundação	Principal função
Banco do Brasil	1808	Primeiro banco brasileiro.
Imprensa Régia	1808	Responsável pela publicação de jornais, livros e panfletos impressos no Brasil.
Museu Real	1808	Destinado à pesquisa científica.
Real Teatro de São João	1813	Local de exibição de peças de teatro e óperas.
Real Biblioteca	1814	Primeira biblioteca pública do país.
Escola Real de Ciências, Arte e Ofícios	1818	Centro de ensino de Ciências, Arte e Ofícios, como pintura, escultura e arquitetura.
Real Jardim Botânico	1819	Espaço para o cultivo de espécies vegetais do Brasil e do oriente.

1 Sublinhe, no texto da página anterior, uma frase que tenha relação com cada uma das expressões a seguir.

> **1.** Fim das restrições comerciais.

> **2.** Moradia para os membros da Corte portuguesa.

2 Elaborem e dramatizem um diálogo entre um funcionário do governo português e um morador do Rio de Janeiro na época da chegada da família real. Ao criarem o diálogo, levem em conta os aspectos a seguir:

- O funcionário deve explicar ao morador que sua moradia está sendo requisitada para abrigar membros da Corte.
- O morador deve mostrar preocupação com a situação.
- O funcionário deve enumerar as vantagens de ter a Corte morando no Brasil.

3 Pesquise uma das instituições, fundadas no começo do século XIX, apresentadas no quadro acima. Escreva, no caderno, um texto contando a função e a importância dessa instituição atualmente.

Brasil, um Estado, uma nação

> O que significa ser independente? Na sua opinião, que mudanças a independência do Brasil trouxe para o povo?

Portugal entrou em crise durante o período em que a Corte portuguesa permaneceu no Brasil. A exclusividade do comércio com os brasileiros era a principal fonte de renda dos comerciantes portugueses, mas, com a abertura dos portos, eles perderam esse privilégio.

O descontentamento dos portugueses levou à **Revolução do Porto**, ocorrida em Portugal em 1820. Uma das exigências dos revolucionários era o retorno imediato do monarca a Portugal. Sem alternativa, dom João VI partiu do Brasil com sua Corte em 1821, deixando seu filho, dom Pedro de Alcântara, como príncipe regente do Brasil.

Tentando reverter a situação de crise em seu país, os revolucionários portugueses votaram leis que tornariam o Brasil novamente colônia de Portugal. Entre essas leis, havia decretos que extinguiam a regência de dom Pedro e exigiam sua volta imediata para Portugal.

Descontentes com a situação, membros da elite política brasileira começaram a lutar pela independência e buscaram o apoio do príncipe regente dom Pedro, que decidiu permanecer no Brasil, aderiu ao movimento pela independência e expulsou as tropas portuguesas do Rio de Janeiro. Em 7 de setembro de 1822, durante uma viagem para São Paulo, após ter sido informado de que uma expedição portuguesa desembarcaria na Bahia, dom Pedro proclamou a independência do país, que passou a se chamar Império do Brasil.

Sessão das Cortes de Lisboa, de Oscar Pereira da Silva, 1922 (óleo sobre tela, de 3,15 m × 2,62 m). A obra representa as Cortes de Lisboa, logo após a Revolução do Porto. Nessa época, discutia-se nas Cortes se Portugal e Brasil deveriam continuar unidos ou não. Os representantes do Brasil temiam o retorno à situação colonial anterior à abertura dos portos.

1. Complete o quadro a seguir com as intenções e as ações dos portugueses revoltosos e da elite política no Brasil durante a regência de dom Pedro.

	Portugueses revoltosos	Elite política no Brasil
Intenções		
Ações		

2. Em setembro de 1822, dona Leopoldina, nomeada princesa regente interina do Brasil, reuniu o Conselho de Estado e, aconselhada por esse grupo, enviou uma carta ao marido, dom Pedro, que estava em viagem a São Paulo, incentivando-o a proclamar a Independência do Brasil. Com base nessas informações, observe a pintura e faça as atividades no caderno.

Sessão do Conselho de Estado, de Georgina de Albuquerque, 1922 (óleo sobre tela, de 2,10 m × 2,65 m). Essa obra retrata um momento decisivo no processo de independência do Brasil. À direita, com o braço estendido, José Bonifácio expõe a dona Leopoldina os motivos de separar o Brasil de Portugal.

a) Quem era dona Leopoldina?

b) É correto afirmar que dona Leopoldina desempenhou importante papel na Independência do Brasil? Justifique sua resposta.

c) Muitas mulheres tiveram e continuam tendo importância e influência no cenário político de vários países. Pesquise sobre a biografia de uma mulher que tenha sido ou seja chefe de Estado em algum país do mundo e apresente-a aos colegas.

A primeira Constituição do Brasil

Com a Proclamação da Independência, dom Pedro recebeu o título de imperador e defensor perpétuo do Brasil. Em 25 de março de 1824, após vários desentendimentos com a elite que participou do processo de independência, dom Pedro **outorgou** a primeira Constituição da nova nação.

> **outorgar:** autorizar, conceder. Neste caso, dizer que a Constituição de 1824 foi outorgada significa dizer que ela foi imposta por dom Pedro.

Veja o que diz o primeiro artigo dessa Constituição:

> Art. 1. O IMPERIO do Brazil é a associação Politica de todos os Cidadãos Brazileiros. Elles formam uma Nação livre, e independente, que não admite com qualquer outra laço algum de união, ou federação, que se opponha á sua Independencia.
>
> BRASIL. Constituição Politica do Imperio do Brazil (de 25 de março de 1824). Disponível em: <www.planalto.gov.br/ccivil_03/constituicao/constituicao24.htm>. Acesso em: janeiro de 2018.

Capa da primeira Constituição do Brasil, de 1824.

Com a Constituição, parte da população brasileira conquistou o direito à cidadania política, ou seja, o direito de eleger seus representantes. No entanto, apenas homens livres maiores de 25 anos que tivessem uma renda mínima de 100 mil réis por ano podiam exercer esse direito.

Estavam excluídos do direito ao voto: as mulheres, porque o voto era restrito aos homens; as pessoas escravizadas, porque não eram consideradas cidadãs; e os cidadãos com renda menor do que 100 mil réis.

O fato de o Brasil ser um Estado soberano e possuir uma Constituição não modificou a organização da sociedade brasileira. A prática da escravidão continuou existindo, e o poder permaneceu concentrado nas mãos dos grandes proprietários de terra.

Dom Pedro I, rei de Portugal e dos Algarves, gravura de Francisco de Queiroz. A Constituição de 1824 marcou o nascimento do Estado brasileiro e a conquista de direitos políticos para parte da população, mas não modificou sua organização social.

1 A Constituição de 1824 estabelecia a existência de quatro poderes para governar o país. Observe como se organizavam esses poderes.

```
                    Poder Moderador
                      (Imperador)
        ┌─────────────────┼─────────────────┐
  Poder Legislativo   Poder Executivo    Poder Judiciário
   (Deputados e      (Imperador e        (Juízes e Tribunais)
    senadores)         ministros)        Órgão maior: Supremo
                                          Tribunal de Justiça
```

a) Que poderes eram exercidos pelo imperador?

....

b) A forma de organização dos poderes no Império conferia amplos poderes ao imperador. Explique por quê.

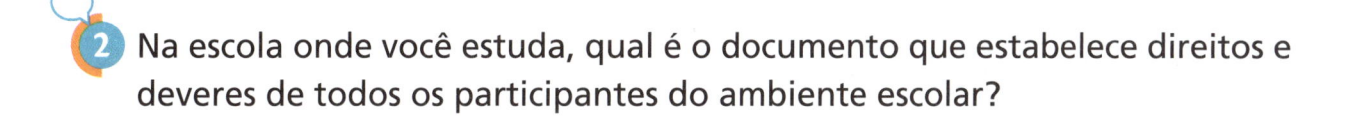

....

....

2 Na escola onde você estuda, qual é o documento que estabelece direitos e deveres de todos os participantes do ambiente escolar?

Vamos falar sobre...

Cidadania

A Constituição de 1824, outorgada por dom Pedro I, manteve a escravidão e a grande propriedade como base da economia. Isso excluiu a grande maioria da população da cidadania. A cidadania plena inclui:

- direitos civis: direitos fundamentais à vida, à liberdade, à propriedade e à igualdade perante a lei;
- direitos políticos: asseguram a participação do cidadão no governo por meio de eleições, partidos e outras formas de demonstração política;
- direitos sociais: garantem a participação dos cidadãos na riqueza coletiva; compreendem o direito à educação, à saúde, a um salário justo, entre outros.

De 1822 até hoje, o Brasil passou por diversas mudanças, mas muitos desses direitos ainda não são garantidos a todos os cidadãos brasileiros.

- Converse com os colegas e pensem em soluções para ampliar os direitos citados acima para o maior número possível de pessoas no Brasil.

Fazendo História!

Monumentos da história do Brasil

O **monumento** é uma construção erguida para comemorar um acontecimento importante ou homenagear pessoas. Esse tipo de construção também tem um caráter artístico, ou seja, é dotado de beleza estética. Os monumentos têm a função de preservar a memória de fatos importantes para determinadas comunidades.

As cidades apresentam monumentos históricos que simbolizam acontecimentos significativos para a história de uma nação, de um estado ou da própria cidade.

A Independência do Brasil, em 7 de setembro de 1822, é um exemplo de fato marcante. Há vários monumentos em homenagem a esse acontecimento histórico. Observe um deles na fotografia abaixo.

O monumento da Independência foi criado em 1922 como parte das comemorações do centenário da Independência do Brasil. Localizado na praça da Independência, em Santos, no estado de São Paulo, é dedicado a José Bonifácio, conhecido como o patriarca da Independência, e a seus irmãos. Foto de 2017.

1 Na sua opinião, qual é a função dos monumentos históricos?

2 Observe novamente a fotografia da página anterior e responda à questão.

- O que é comemorado com esse monumento histórico?

_____

3 Nosso patrimônio cultural e natural está constantemente ameaçado de desaparecer. As guerras, os desastres naturais, o crescimento desordenado das cidades, a falta de investimento e o abandono colocam em risco a preservação do patrimônio em diferentes lugares do mundo. Observe a fotografia a seguir e faça o que se pede.

Fonte monumental na praça Júlio de Mesquita, no centro da cidade de São Paulo, em 2012, quando estava pichada e em estado de destruição. Atualmente, a fonte encontra-se restaurada e protegida por uma barreira de vidro.

a) Dê exemplos de problemas que dificultam a preservação do patrimônio no local em que você vive.

_____

_____

_____

b) Discuta com os colegas: Por que é importante preservar os monumentos históricos?

c) Escolham um monumento existente no município em que vocês moram, pesquisem sobre ele e escrevam, em uma folha à parte, um pequeno texto explicando seu significado e por que é importante que ele seja preservado.

Conectando saberes

O cotidiano da escravidão no Brasil

Jean-Baptiste Debret chegou ao Brasil em 1816 e aqui permaneceu até 1831. Debret era um dos integrantes da Missão Artística Francesa, grupo de artistas e artesãos franceses que vieram ao Brasil a convite de dom João VI para fundar uma academia de Belas Artes no Rio de Janeiro. Observe duas obras desse artista.

1

Casamento de negros de uma casa rica, de Jean-Baptiste Debret, 1826 (litografia colorida à mão).

2

Cortejo fúnebre de criança negra, de Jean-Baptiste Debret, 1826 (litografia colorida à mão).

Debret viajou pelo Brasil e registrou em suas obras as paisagens do país e o cotidiano de seus habitantes. O artista deu atenção especial à diversidade da cultura afro-brasileira que encontrou no Brasil. Os africanos trouxeram consigo tradições e costumes religiosos de seu continente, que se fundiram com alguns costumes dos europeus. Leia a seguir um trecho escrito por Debret sobre a escravidão no Brasil:

> Tudo assenta pois, neste país, no escravo negro; na roça, ele rega com seu suor as plantações do agricultor; na cidade, o comerciante fá-lo carregar pesados fardos; se pertence ao capitalista, é como operário ou na qualidade de moço de recados que aumenta a renda do senhor. Mas, sempre mediocremente alimentado e maltratado [...]
>
> DEBRET, Jean-Baptiste. **Viagem pitoresca e histórica ao Brasil**.
> Belo Horizonte: Itatiaia/São Paulo: Edusp, 1989. t. II, p. 13.

1 As obras de Debret são importantes fontes históricas e fazem parte de nossa memória cultural. A partir das representações do cotidiano dos escravizados no Brasil, feitas por Debret, podemos aprender um pouco sobre aspectos da cultura afro-brasileira no período imperial. Responda às questões.

a) Quais costumes foram retratados nas obras reproduzidas na página anterior?

b) Cite a obra que retrata um costume africano e a que retrata um costume europeu. Justifique sua resposta.

2 Faça uma pesquisa em livros ou na internet e anote no caderno costumes atuais que revelem a influência da cultura africana na sociedade brasileira.

3 Pesquisem e organizem um dossiê de imagens sobre a cultura afro-brasileira no país. Sigam o roteiro.
- Selecionem diferentes fontes, como livros, obras de referência e internet.
- Escolham imagens que documentem diferentes aspectos da cultura afro-brasileira.
- Organizem as imagens selecionadas e elaborem legendas.
- Discutam a melhor forma de divulgar o material produzido.

Vamos retomar

1 Complete a linha do tempo a seguir com os acontecimentos listados abaixo, em ordem cronológica.

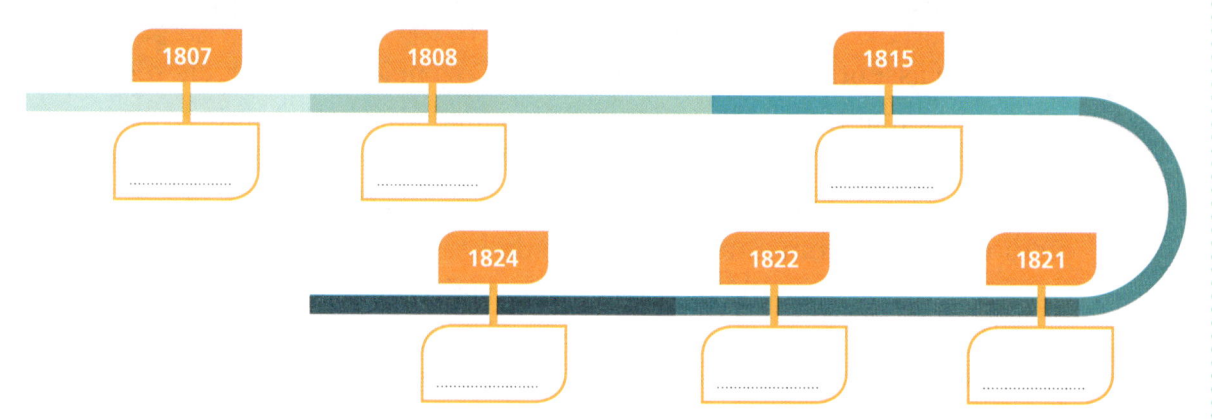

| 1807 | 1808 | 1815 |
| 1824 | 1822 | 1821 |

A. Proclamação da Independência do Brasil.

B. Dom João VI retorna a Portugal por causa da Revolução do Porto.

C. Instalação da Corte portuguesa no Brasil e abertura dos portos às nações amigas.

D. Dom Pedro outorga a primeira Constituição do Brasil.

E. Diante das ameaças da França, dom João decide transferir a Corte portuguesa para o Brasil.

F. Elevação do Brasil a Reino Unido a Portugal e Algarves.

2 Observe a gravura e responda às questões no caderno.

a) Qual é a condição social das duas pessoas representadas por Debret em primeiro plano nesta gravura?

b) A ordem social retratada na obra sofreu alguma mudança em razão da Independência?

Oficial da Corte indo ao palácio (detalhe), de Jean-Baptiste Debret, 1822 (litografia colorida à mão, de 49 cm × 34 cm).

Autoavaliação

Terminamos a unidade 3! Leia as frases abaixo e faça um **X** no desenho que melhor expressa sua opinião sobre cada uma delas.

1. Entendi o contexto da vinda da família real portuguesa para o Brasil.			
2. Entendi o processo de independência do Brasil.			
3. Compreendi o conceito de Constituição e o papel da primeira Constituição do Brasil.			
4. Reconheço a função e a importância dos monumentos históricos.			
5. Conheci o cotidiano dos escravizados no Rio de Janeiro do século XIX.			
6. Compreendi a importância da cultura africana.			

Sugestão

Para assistir

- **1808 – A família real no Brasil.**
  Documentário que apresenta a história da chegada da família real ao Brasil, contada pelo jornalista Laurentino Gomes, autor do livro **1808**, sobre a vinda da família real portuguesa para o Brasil.

Reprodução/Carmem Sodré e Laurentino Gomes

UNIDADE 4

A cultura do café e o fim da escravidão

Nesta unidade você vai:

- Reconhecer a produção do café como atividade econômica importante no Brasil desde o século XIX.
- Entender o processo de expansão da cultura cafeeira no Brasil imperial.
- Compreender a resistência dos escravizados contra a escravidão.
- Conhecer o movimento abolicionista e suas consequências.
- Associar a popularização da fotografia no Brasil à prosperidade trazida pelo café.

Observe a fotografia e converse com os colegas e o professor.

1. Quem são as pessoas representadas na fotografia? O que elas estão fazendo?

2. De acordo com a fotografia de Marc Ferrez, quem realizava a maior parte do trabalho com o café?

3. O café foi chamado de "ouro verde". Em sua opinião, por que isso ocorreu?

Escravos em terreiro de uma fazenda de café na região do Vale do Paraíba, fotografia de Marc Ferrez produzida em 1882.

A cultura do café

> Em sua opinião, qual é a importância do café para a economia brasileira?

O café é um dos produtos de exportação mais importantes para a economia brasileira. No primeiro semestre de 2017, o café brasileiro chegou a 113 países, segundo dados da Empresa Brasileira de Pesquisa Agropecuária (Embrapa). No passado, sua importância era ainda maior. Entre a metade do século XIX e as primeiras décadas do século XX, o café correspondia a três quartos (ou 75%) de tudo o que o Brasil exportava para o exterior.

Grãos de café torrados.

Brasil: expansão do café – início do século XIX até 1880

LEGENDA
- Início do século XIX
- Década de 1830
- Década de 1850
- Década de 1880

ARRUDA, José Jobson de A. **Atlas histórico básico**. 17. ed. São Paulo: Ática, 2011. p. 43.

A produção do café se difundiu do litoral fluminense para grande parte do estado de São Paulo, o sul de Minas e o Espírito Santo. No século XX, Paraná, Mato Grosso do Sul e Goiás também se tornaram produtores.

Na colheita, fase mais trabalhosa da produção do café, exigia-se muito dos escravizados. Era comum oferecer benefícios para estimular o rendimento do trabalho, como roupas novas e dinheiro. No entanto, os castigos corporais continuavam sendo aplicados na rotina do trabalho escravo.

UNIDADE 4

Café e modernidade

O dinheiro acumulado com a exportação de café permitiu que o Brasil desse os primeiros passos em direção à industrialização. Entre 1840 e 1860, produtos manufaturados – como chapéus, tecidos, calçados, entre outros –, antes importados, começaram a ser produzidos no Brasil.

A economia do café também levou à implantação das primeiras estradas de ferro. A primeira ferrovia, Estrada de Ferro Petrópolis, foi inaugurada em 1854 e ligava o porto de Mauá, na Baía de Guanabara, à raiz da Serra da Estrela, atual Magé.

Primeira locomotiva da Estrada de Ferro Recife-São Francisco, em foto de Augusto Stahl de 1858. A construção dessa ferrovia, inaugurada em 1858, também foi possibilitada pela riqueza gerada pelo café.

Em 1867, foi inaugurada a primeira ferrovia paulista, a Estrada de Ferro Santos-Jundiaí. Antes de sua construção, o café produzido no interior de São Paulo era transportado por tropas de mulas. A construção da ferrovia tornou o transporte do café até o porto de Santos mais rápido e eficiente.

1 Compare os gráficos a seguir e responda às questões no caderno.

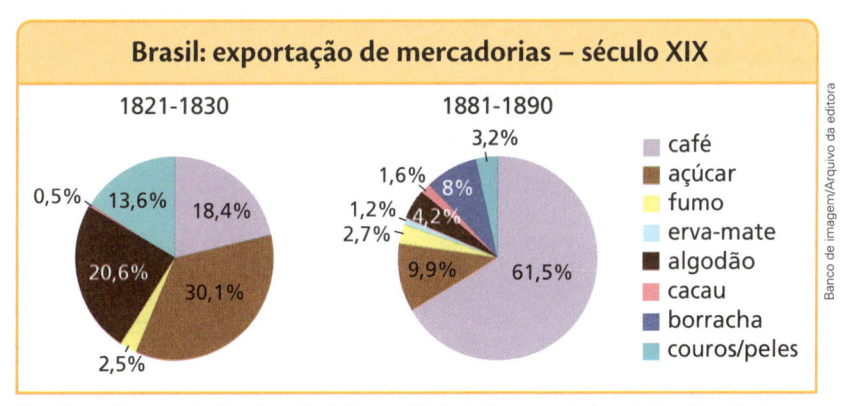

Brasil: exportação de mercadorias – século XIX

1821-1830:
- café: 18,4%
- açúcar: 30,1%
- fumo: 2,5%
- erva-mate: 0,5%
- algodão: 20,6%
- couros/peles: 13,6%
- (outros): 13,6%

1881-1890:
- café: 61,5%
- açúcar: 9,9%
- fumo: 2,7%
- erva-mate: 1,6%
- algodão: 4,2%
- cacau: 1,2%
- borracha: 8%
- couros/peles: 3,2%

Comércio Exterior do Brasil, n. 1, C.E. e n. 12-A do Serviço de Estatística Econômica e Financeira do Ministério da Fazenda. Em: SILVA, Hélio Schlitter. Tendências e Características Gerais do Comércio Exterior no Séc. XIX. **Revista de Economia Brasileira**, p. 8, junho de 1953.

a) Qual produto teve o maior crescimento e quais tiveram a maior diminuição no volume de exportação de um período para outro?

b) Quais produtos o Brasil começou a exportar na década de 1880?

c) Que conclusão pode ser tirada sobre o nordeste brasileiro, que centralizava a produção de açúcar?

2 Converse com os colegas sobre algumas mudanças que ocorreram no Brasil por causa da economia do café.

O fim do tráfico de escravizados

Durante mais de três séculos, a vinda de escravizados da África sustentou a economia brasileira. Essas pessoas faziam a maior parte do trabalho pesado nas fazendas, nas moradias e nas cidades. Além disso, o tráfico de escravizados era uma grande fonte de lucros para negociantes portugueses e brasileiros.

No entanto, aumentava cada vez mais a indignação de parte da sociedade contra as condições desumanas desse comércio de pessoas no Brasil e no mundo. O governo inglês fazia pressão para que o governo brasileiro aprovasse uma lei proibindo o tráfico de escravizados entre a África e o Brasil. As autoridades brasileiras, porém, continuaram tolerando as embarcações que chegavam carregadas de escravizados. Descontente com essa atitude, o governo inglês aprovou uma lei em 1845, conhecida como Bill Aberdeen. Essa lei dava à marinha inglesa o direito de aprisionar embarcações que estivessem transportando escravizados da África para a América. Os navios-patrulha britânicos passaram, então, a aprisionar essas embarcações no mar, impedindo que chegassem ao Brasil.

Diante do impasse entre brasileiros e ingleses, o governo do Brasil aprovou a Lei Eusébio de Queirós, em 1850, que pôs fim ao tráfico intercontinental de africanos escravizados. Contudo, as fazendas de café continuavam dependentes da mão de obra escrava, e o tráfico interno de escravizados, que vinham principalmente das províncias do nordeste para trabalhar nas plantações de café do sudeste brasileiro, continuou existindo.

Mercado de negros, de Johann Moritz Rugendas, 1835 (litografia colorida à mão, de 35,5 cm × 51,3 cm). Após longas viagens em condições desumanas em navios, os escravizados trazidos da África eram vendidos em mercados como esse no Brasil.

1. Observe a gravura, leia a legenda e responda às questões.

   a) De que "carga" os traficantes procuravam se livrar?

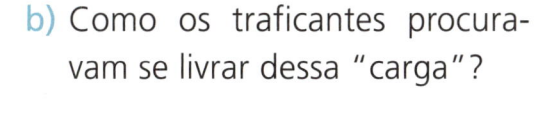

   _____

   _____

   b) Como os traficantes procuravam se livrar dessa "carga"?

   _____

   _____

   _____

   Gravura de J. Cooper, feita com base em ilustração de George Lydiard Sulivan, de 1873. Diante da aproximação de navios-patrulha britânicos, traficantes livram-se de sua "carga".

   c) Por que os navios-patrulha britânicos caçavam os navios que transportavam escravizados?

   _____

   _____

   _____

   d) Sublinhe no texto da página 64 o trecho que se refere à gravura acima.

2. Observe a tabela e responda às questões no caderno.

Declínio da população escravizada por região brasileira (1872 a 1887)		
Regiões*	1872	1887
Norte	102 397	43 981
Nordeste	405 470	171 797
Sudeste	891 306	482 327
Centro-Oeste	17 319	8 188
Sul	93 335	16 882
Brasil	1 509 827	723 175

   Adaptado de: LUNA, Francisco V.; KLEIN, Herbert S. **Escravismo no Brasil**. São Paulo: Imprensa Oficial/Edusp, 2000. p. 320.
   *Os dados da tabela consideram as atuais regiões brasileiras, conforme a classificação regional proposta pelo IBGE.

   a) Entre os anos de 1872 e 1887, o que aconteceu com o número de escravizados no Brasil?

   b) Qual região concentrava a maior quantidade de escravizados? Por quê?

A sociedade se mobiliza pela abolição

📖 **Leia**
Ciência Hoje das Crianças

> Na sua opinião, como a sociedade brasileira se mobilizou no século XIX para acabar com a escravidão?

Entre 1840 e 1889, o Brasil viveu sob o governo de dom Pedro II. Esse período é conhecido como Segundo Reinado. Dom Pedro II se tornou imperador com apenas 14 anos, em uma época em que o país passava por várias rebeliões e se acreditava que a existência de um imperador poderia garantir a paz e a estabilidade.

A proibição do tráfico de africanos foi o primeiro passo para a abolição da escravatura. Pessoalmente, o imperador dom Pedro II era favorável à abolição, mas os grandes donos de terra consideravam a compra e venda de escravizados um investimento. Por isso, recusavam-se a discutir o fim da escravidão sem que o governo os compensasse pelo capital que seria perdido.

Enquanto o governo e os grandes donos de escravizados discutiam, sem chegar a nenhum acordo, a sociedade e os próprios escravizados começaram a agir.

Os escravizados resistiam à escravidão como podiam, principalmente com fugas, formação de **quilombos** e rebeliões.

A partir de 1860, setores cada vez mais amplos da população livre das cidades se mobilizaram em defesa da abolição. Surgiram clubes, associações e jornais que difundiam as ideias abolicionistas.

O movimento abolicionista adquiriu força a partir de 1880 e a emancipação dos escravizados no Brasil era considerada uma questão de tempo. No mesmo ano, a **Revista Illustrada** publicou uma caricatura de Angelo Agostini, na qual um homem branco usando um guarda-chuva tenta impedir a chegada da emancipação, representada por uma nuvem em forma de anjo.

Os clubes abolicionistas, por exemplo, ajudavam a esconder escravizados em fuga, reuniam dinheiro para pagar as **alforrias** e defendiam os fugitivos na Justiça. Muitos desses fugitivos eram encaminhados aos quilombos, onde podiam se refugiar, viver e trabalhar livremente.

alforria: liberdade concedida pelo senhor ao escravizado, voluntariamente ou mediante pagamento.

1 Leia o texto e responda às questões.

A mulher no processo de abolição da escravatura

Compositora, instrumentista, regente. Rio de Janeiro, RJ, 17/10/1847 – idem, 28/02/1935. Maior personalidade feminina da história da música popular brasileira e uma das expressões maiores da luta pelas liberdades no país [...]. Foi uma ativa participante do movimento pela abolição da escravatura, vendendo suas partituras de porta em porta a fim de **angariar** fundos para a Confederação Libertadora. Com o dinheiro arrecadado na venda de suas músicas comprou a alforria de José Flauta, um escravo músico.

Geledés – Instituto da Mulher Negra. Chiquinha Gonzaga. Disponível em: <www.geledes.org.br/chiquinha-gonzaga>. Acesso em: janeiro de 2018.

angariar: arrecadar, juntar colaborações em forma de apoio, dinheiro, mantimentos, etc.

Chiquinha Gonzaga, primeira maestrina brasileira, foi também uma participante ativa da campanha abolicionista. Foto de 1865.

a) Qual era o talento de Chiquinha Gonzaga?

b) De que forma ela contribuiu para a causa abolicionista?

2 Imaginem que vocês fazem parte de um clube abolicionista que foi criado por volta de 1887. Como vocês divulgariam as ideias do clube? Em grupos, criem uma propaganda para difundir o ideário abolicionista.

As leis abolicionistas

Pressionado pela sociedade, o governo aprovou medidas que extinguiram gradualmente a escravidão (observe o quadro abaixo). O Brasil foi o último país ocidental a libertar os escravizados. A escravidão era o maior obstáculo para a conquista da cidadania pela população negra, uma luta que ainda transcorre no presente.

Ano	Leis abolicionistas	Medidas
1850	Lei Eusébio de Queirós	Proibia o tráfico de escravizados.
1871	Lei do Ventre Livre	Declarava livres os filhos de escravizados nascidos a partir da data da lei. Os beneficiados por essa lei deveriam ser entregues para o governo criá-los ou tinham que prestar trabalho ao senhor até os 21 anos.
1885	Lei dos Sexagenários	Libertava os escravizados com mais de 60 anos. Com essa lei, os proprietários de escravizados não teriam mais que sustentar escravizados de idade muito avançada para o serviço braçal pesado.
1888	Lei Áurea	Libertava os escravizados sem compensações aos senhores.

- Analise o quadro acima e responda: Quantos anos transcorreram entre a Lei Eusébio de Queirós e o fim da escravidão?

Vamos falar sobre...

Combate ao trabalho escravo

O trabalho em condições análogas à escravidão ainda existe no Brasil, principalmente em setores como a construção civil, a indústria têxtil e nas atividades rurais (pecuária, agricultura, carvoarias e madeireiras).

Hoje, o direito ao trabalho digno para todos é reconhecido pela Declaração Universal dos Direitos Humanos e pela Constituição Federal. Combater e denunciar o trabalho escravo é uma obrigação de todos nós.

- **Pesquisem uma notícia que relate um caso no Brasil de resgate de trabalhadores em condições análogas à escravidão. Anotem: a data da notícia, o estado em que o caso aconteceu e a medida tomada pela Justiça. Depois, mostrem às outras duplas o resultado dessa pesquisa.**

A difícil vida dos ex-escravizados

Após a abolição, os escravizados libertos não receberam assistência do governo para se integrar à sociedade e se tornar cidadãos plenos. Como não tinham acesso à terra nem à educação, os ex-escravizados e suas famílias tiveram bastante dificuldade em se adaptar à nova situação.

No trecho a seguir, o historiador Flávio dos Santos Gomes conta como foi o fim da escravidão para essas pessoas:

> [...] Os libertos, apelidados de "os 13 de maio", procuravam redefinir os rumos de suas vidas. Famílias negras inteiras abandonaram fazendas, migrando para outras regiões. Não poucos negociaram permanência e relações de trabalho com antigos proprietários, garantindo salários, parcerias e roças.
> GOMES, Flávio dos Santos. **Negros e política (1888-1937)**. Rio de Janeiro: Zahar, 2005. p. 14.

Os escravizados libertos também tiveram que lidar com a discriminação e o preconceito da sociedade. Sem outra perspectiva, muitos se fixavam nas periferias das cidades, vivendo sem um trabalho fixo. A abolição foi o começo de uma luta pela igualdade que permanece até os dias de hoje.

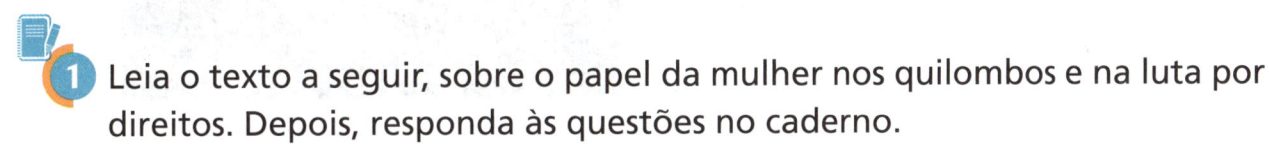

1. Leia o texto a seguir, sobre o papel da mulher nos quilombos e na luta por direitos. Depois, responda às questões no caderno.

   > [...] as mulheres quilombolas tiveram e têm um papel de extrema importância nas lutas de resistência, manutenção e regularização de seus territórios.
   > [...] estas mulheres têm sido as guardiãs das tradições da cultura afro-brasileira, além de cuidar da casa, dos filhos(as), dos(as) idosos(as), doentes, da roça, dos animais e da preservação dos recursos naturais. Nos tempos da escravização, providenciavam alimentos e proteção aos refugiados(as) das lutas de resistência pela liberdade e estavam diretamente envolvidas na organização do quilombo e de muitas revoltas. [...]
   > PINTO, Célia Cristina da Silva; DEALDINA, Selma dos Santos. Mulheres quilombolas e o direito à terra. **Carta Capital**, 15 de agosto de 2017. Disponível em: <www.cartacapital.com.br/diversidade/mulheres-quilombolas-e-o-direito-a-terra>. Acesso em: janeiro de 2018.

   a) Quais são as principais funções das mulheres quilombolas segundo o texto? Escreva, com suas palavras, um resumo dessas funções.

   b) Na sua opinião, a situação das mulheres dentro da comunidade quilombola durante o período da escravidão era melhor ou pior do que a de outras mulheres livres daquela época?

2 Leia o texto a seguir e observe a pintura. Em seguida, responda às questões.

🔊 Ouça "Zumbi"

> O **Dia da Consciência Negra** é celebrado no Brasil em 20 de novembro, data da morte de Zumbi, um grande líder negro do Quilombo dos Palmares. Esse dia é dedicado à reflexão sobre a importância dos afrodescendentes para o país e à luta contra a desigualdade racial. Atualmente, passados mais de 100 anos da abolição, ainda há muito a ser feito em favor da igualdade de oportunidades e contra qualquer tipo de discriminação.
>
> Texto elaborado pelos autores.
>
> Zumbi foi o último líder do Quilombo dos Palmares. Considerado símbolo de resistência contra a escravidão no período colonial, ele lutou pela liberdade e pela dignidade dos escravizados. Ao lado, **Zumbi**, de Antônio Parreiras, 1927 (óleo sobre tela, de 1,13 m × 0,86 m).

Reprodução/Museu Antônio Parreiras, Niterói, RJ

a) Na sua opinião, é importante ter uma data para se promover a igualdade racial? Justifique sua resposta.

_____
_____
_____
_____

b) No lugar onde você vive é feriado nesse dia?

_____

c) Reúna-se com os colegas e sugiram temas que vocês gostariam que fossem discutidos na escola no Dia da Consciência Negra. Anotem os temas propostos em uma lista. Depois, votem para eleger as três melhores sugestões e encaminhem à direção da escola.

A cultura afro-brasileira

Os africanos e seus descendentes também lutavam, no cotidiano, para ter o direito de praticar sua cultura e sua religião. Escravizados e negros livres praticavam danças como o lundu e o batuque, que se tornaram muito populares e deram origem, já no século XX, ao samba e a outras manifestações da música popular brasileira.

A capoeira

Outra manifestação importante da cultura afro-brasileira é a capoeira, considerada ao mesmo tempo um jogo, uma dança e uma luta. A capoeira se difundiu no Rio de Janeiro e em Salvador durante o século XIX. Nessas cidades, as chamadas "maltas" (grupos de "capoeiras", formados por negros livres, escravizados e até mesmo brancos) se encontravam para competir e demonstrar suas habilidades. Às vezes, esses encontros viravam brigas e geravam confusão, o que levou as autoridades da época a reprimir essa manifestação cultural.

A capoeira chegou a ser considerada crime e ficou proibida por muito tempo, até ser finalmente aceita pelo governo, em 1937. Hoje, ela é apreciada e praticada em todo o Brasil e em vários países do mundo. Em 2014, foi considerada patrimônio imaterial da humanidade pela Organização das Nações Unidas para a Educação, a Ciência e a Cultura (Unesco).

Crianças quilombolas jogam capoeira durante comemoração pelo Dia da Consciência Negra, em Araruana, no estado do Rio de Janeiro. Foto de 2015.

1. A capoeira, o ofício das baianas do acarajé, o samba de roda do Recôncavo Baiano e a Festa do Nosso Senhor do Bonfim são práticas culturais afro-brasileiras consideradas patrimônio imaterial. Reúna-se com os colegas e sigam o roteiro.

   - Escolham uma dessas práticas e façam uma pesquisa sobre ela.
   - Organizem uma forma de apresentação dos dados coletados.
   - Apresentem seu trabalho para os outros colegas da turma.

Fazendo História!

A fotografia brasileira no século XIX

Desde o seu surgimento, a fotografia é uma das fontes históricas mais importantes para o estudo de determinado período. A fotografia chegou ao Brasil em 1839, trazida por um francês chamado Hercules Florence, que inventou um processo próprio para tirar fotografias.

A partir de 1850, com a prosperidade trazida pelo café e o crescimento das cidades, essa nova forma de arte logo se popularizou e estúdios fotográficos surgiram nas principais cidades brasileiras. O francês Marc Ferrez (1843-1923) é considerado um dos fotógrafos mais importantes da época no Brasil. Com sua câmera, ele documentou a beleza da natureza e o cotidiano das grandes cidades brasileiras. Observe algumas fotografias de Marc Ferrez, feitas em estúdio.

Negra na Bahia, foto de Marc Ferrez, cerca de 1884.

Negro cesteiro, foto de Marc Ferrez, século XIX.

1. Observe a fotografia abaixo e responda às questões.

Mulheres no mercado, foto de Marc Ferrez, Rio de Janeiro, no estado do Rio de Janeiro, 1875.

a) Quando e por que razão a fotografia se popularizou no Brasil?

b) Que aspecto do cotidiano das cidades é retratado na fotografia acima?

2. Reúna-se com os colegas e sigam o roteiro:
- Escolham um bairro ou região do município onde vocês moram e façam fotografias desse local.
- Pesquisem em arquivos públicos, bibliotecas, jornais ou na internet fotografias antigas dessa região ou bairro.
- Montem um painel com as imagens que vocês produziram ou pesquisaram.
- Apresentem e discutam o resultado com os outros grupos.

Vamos retomar

1 Observe o anúncio ao lado e responda às questões.

a) O que o anúncio oferece?

b) Sabendo que esse tipo de anúncio era muito comum nos jornais da época, você acha que as fugas de escravizados eram raras ou frequentes? Explique.

Anúncio de escravizado fugido publicado no jornal **O Paulista**, de 1862.

c) Além da fuga, que outras formas de resistência eram utilizadas pelos escravizados?

d) De que forma outros setores da sociedade atuavam em favor da abolição dos escravizados?

2 Observe o cartaz de comemoração da Lei Áurea ao lado e responda às questões no caderno.

a) O que você vê no cartaz?

b) Observe as vestimentas dos dois homens. Elas indicam diferenças entre eles? Explique.

c) Elabore uma frase que destaque o contraste entre essa imagem e a real situação dos escravizados libertos.

Cartaz de comemoração da Lei Áurea, 13 de maio de 1888.

Autoavaliação

Terminamos a unidade 4! Leia as frases abaixo e faça um **X** no desenho que melhor expressa sua opinião sobre cada uma delas.

1. Reconheço a produção do café como atividade econômica importante no Brasil desde o século XIX.			
2. Entendi o processo de expansão da cultura cafeeira no Brasil imperial.			
3. Compreendi a resistência dos escravizados contra a escravidão.			
4. Conheci o movimento abolicionista e suas consequências.			
5. Consigo associar a popularização da fotografia no Brasil à prosperidade trazida pelo café.			

Sugestões

Para ler

- **Ciência Hoje das Crianças**, n. 240. Quilombos e quilombolas do Brasil.

  Esse número da revista apresenta textos sobre quilombos e quilombolas do Brasil, abordando sua origem, que remete à época em que o país era um Império e ainda tinha pessoas escravizadas.

Para ouvir

- "Zumbi", de Jorge Ben. Em: **Noites do Norte**, de Caetano Veloso. Universal Music, 2012.

  A música "Zumbi", conhecida também como "África Brasil", trata de Zumbi dos Palmares, líder do Quilombo dos Palmares.

UNIDADE 5

Brasil republicano

Nesta unidade você vai:

- Compreender como ocorreu a mudança da Monarquia para a República no Brasil.
- Entender que essa mudança não resultou em mais direitos e na ampliação da cidadania para a maioria da população brasileira.
- Reconhecer mudanças ocorridas na sociedade brasileira no início da República.
- Conhecer como é feita a aprovação de uma nova lei.
- Identificar inovações tecnológicas surgidas nas primeiras décadas da República.

Observe a pintura e converse com os colegas e o professor.

1. A pintura representa a Proclamação da República. Que grupo de pessoas, representado na cena, participa desse acontecimento?

2. Em sua opinião, a participação da população é importante na prática da cidadania e nas mudanças da sociedade?

Proclamação da República (detalhe), de Benedito Calixto, 1893 (óleo sobre tela, de 123,5 cm × 200 cm). Nesta obra, o artista representou o Campo de Santana, na cidade do Rio de Janeiro, Rio de Janeiro, onde ficava o quartel-general do Exército (à direita).

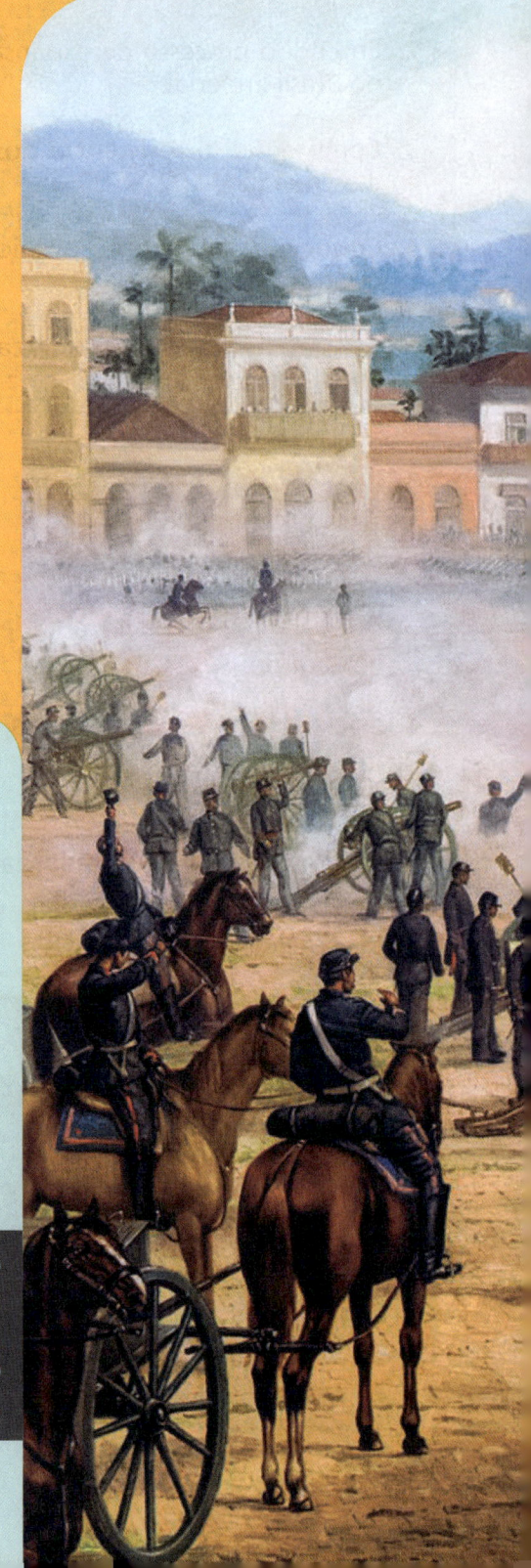

Reprodução/Pinacoteca do Estado, São Paulo, SP.

Proclamação da República

> Você já sabe que o Brasil foi uma monarquia, mas sabe quando e por que ele se tornou uma república?

Atualmente o Brasil é uma República Federativa, formada pela união de estados, municípios e do Distrito Federal (Brasília), que é a capital do país. Ele é regido por uma Constituição, a lei máxima do país, que define os direitos e deveres dos cidadãos. Leia o que diz um dos primeiros artigos da Constituição brasileira:

> Art. 3º Constituem objetivos fundamentais da República Federativa do Brasil:
>
> I – construir uma sociedade livre, justa e solidária;
>
> II – garantir o desenvolvimento nacional;
>
> III – erradicar a pobreza e a marginalização e reduzir as desigualdades sociais e regionais;
>
> IV – promover o bem de todos, sem preconceitos de origem, raça, sexo, cor, idade e quaisquer outras formas de discriminação.
>
> BRASIL. Constituição da República Federativa do Brasil de 1988. Disponível em: <www.planalto.gov.br/ccivil_03/Constituicao/Constituicao.htm>. Acesso em: janeiro de 2018.

Esses são os principais objetivos da **república**, que devem ser cumpridos não somente pelo governo, mas também por cada cidadão do país. Mas quando o Brasil se tornou uma república?

república: sistema de governo no qual o chefe de Estado é eleito pelo povo ou por seus representantes por tempo determinado.

Sessão no Senado, em Brasília, Distrito Federal. Foto de 2016. Os senadores são eleitos pelo povo e, entre outras funções, são responsáveis pela aprovação de leis que regem todos os cidadãos brasileiros.

Da Monarquia à República

Até 1888, ainda existia escravidão no Brasil. Os escravizados não eram considerados cidadãos e a maior parte da população livre era pobre, sem acesso à educação e a outros serviços públicos. A participação política era reduzida a uma minoria. O Brasil era governado por um monarca, dom Pedro II, e não por um presidente, como hoje.

Diversos setores da sociedade estavam descontentes com a Monarquia. A Igreja condenava a interferência do monarca em seus assuntos internos. Muitos proprietários de terras ficaram contrariados com o fim do trabalho escravo, em 1888. Parte deles, como os cafeicultores paulistas e os **estancieiros** gaúchos, também desejava maior participação no governo. Um dos setores mais descontentes era o dos militares, que se sentiam desprestigiados pelo governo monárquico. Esses setores passaram, então, a defender a ideia de que o Brasil melhoraria se deixasse de ser uma monarquia e se tornasse uma república.

estancieiro: aquele que tem estância, ou seja, fazenda de criação de gado.

Liderados pelos marechais Deodoro da Fonseca e Floriano Peixoto, os militares tomaram o poder no dia 15 de novembro de 1889 e proclamaram a República. Eles deram 24 horas para que o imperador dom Pedro II e a família real saíssem do Brasil. A Proclamação foi uma iniciativa dos próprios militares e não contou com a participação direta da população, embora diversos grupos sociais apoiassem essa movimentação militar.

1 Observe a pintura e responda às questões no caderno.

A família imperial recebe a notícia de que deve deixar o Brasil, de Albert Chapon, 1892 (óleo sobre tela). Na obra, o artista representou o imperador dom Pedro II recebendo um comunicado.

a) O personagem que entrega um comunicado ao imperador faz parte de que setor da sociedade? O que o identifica?

b) Por que o imperador foi obrigado a deixar o Brasil?

Uma república para poucos

A Proclamação da República despertou esperança de mudanças e melhorias na vida da população. No entanto, a implantação desse sistema de governo não conseguiu modificar a estrutura da sociedade brasileira nem garantir cidadania à população. De acordo com o historiador José Murilo de Carvalho, no início da República, cerca de 85% das pessoas eram analfabetas e 90% viviam no campo. O poder político e econômico continuou concentrado nas mãos de grandes proprietários de terras, chamados na época de **coronéis**.

Em 1891, no governo do marechal Deodoro da Fonseca, foi **promulgada** uma nova Constituição. Ela estabelecia que todo cidadão maior de 21 anos tinha direito a votar. Mas analfabetos, mulheres, mendigos e militares estavam excluídos do direito ao voto. De acordo com José Murilo de Carvalho, na prática, apenas cerca de 2% da população podia de fato exercer esse direito.

> **promulgar:** publicar oficialmente uma lei e ordenar sua execução.

Os coronéis procuravam obrigar os votantes a eleger os candidatos indicados por eles, manipulando, assim, as eleições. Valia tudo para garantir o resultado de uma eleição: roubo de urnas, falsificação de atas eleitorais, troca de favores (como uma vaga no hospital ou um emprego) e até mesmo uso de violência para intimidar eleitores. Por causa dessas manipulações, as eleições do início da República ficaram conhecidas como **eleições de cabresto**.

Nesta charge, publicada na revista **Careta** em 1927, o cartunista Storni representa o voto de cabresto.

1 Observe com um colega a charge de Storni, na página anterior. Em uma folha à parte, criem outra charge para representar o voto de cabresto. Sigam o roteiro.

- Troquem ideias sobre como o voto de cabresto será representado na charge.
- Esbocem, em forma de rascunho, a ideia da charge que vocês resolveram desenvolver.
- Verifiquem no esboço se a charge de vocês faz sentido e se ela passa a ideia que vocês querem transmitir.
- Façam o desenho final, adicionando cores ou efeitos de sombra à charge.
- Elaborem um título criativo e mostrem a charge finalizada para a turma.

2 Leia o texto e responda às questões.

> **Artigo 299 da Lei n. 4 737 de 15 de julho de 1965**
>
> Art. 299. Dar, oferecer, prometer, solicitar ou receber, para si ou para outrem, dinheiro, dádiva, ou qualquer vantagem, para obter ou dar voto e para conseguir ou prometer abstenção, ainda que a oferta não seja aceita:
>
> Pena – reclusão de até quatro anos e pagamento de cinco a quinze dias-multa.
>
> BRASIL. Código Eleitoral de 1965. Disponível em: <www.jusbrasil.com.br/topicos/10575064/artigo-299-da-lei-n-4737-de-15-de-julho-de-1965>. Acesso em: janeiro de 2018.

a) Qual é o tema do artigo?

b) Quantos anos após a Proclamação da República essa lei foi publicada?

c) Na sua opinião, a publicação dessa lei extinguiu a ocorrência de fraude eleitoral, como a troca de votos por favores? Justifique sua resposta.

O Brasil no início da República

> Que tipo de mudanças você acha que ocorreu no Brasil após a Proclamação da República?

Como vimos, no início da República, o Brasil ainda era um país predominantemente rural. A maioria da população vivia e trabalhava no campo. Havia poucas indústrias e as cidades estavam começando a se desenvolver.

A chegada dos imigrantes

O fim do trabalho escravo no Brasil resultou na mudança do perfil dos trabalhadores das lavouras, principalmente nas grandes fazendas de café, na época a principal riqueza do país. Nesse período, uma grande quantidade de imigrantes veio da Europa e da Ásia. Experiências com trabalhadores imigrantes já aconteciam em menor escala desde as primeiras décadas do século XIX, principalmente no sudeste e no sul do país. Muitas dessas tentativas não deram certo porque se esperava que os próprios imigrantes custeassem as despesas da viagem e a instalação nas fazendas e colônias. A partir de 1887, o governo mudou de estratégia e passou a financiar o transporte e a instalação desses imigrantes nas grandes propriedades rurais.

Entre os anos de 1887 e 1914, chegaram ao Brasil quase 3 milhões de estrangeiros. A maioria deles eram italianos, portugueses e espanhóis. Mas vieram também imigrantes de outras partes do mundo, como os alemães e os japoneses.

Grupo de imigrantes europeus recém-chegados à Hospedaria dos Imigrantes, em São Paulo, no estado de São Paulo, no fim do século XIX. A hospedaria era o local em que os imigrantes ficavam alojados provisoriamente, antes de serem enviados para as fazendas de café.

A maior parte desses imigrantes vinha para trabalhar nas fazendas de café, no estado de São Paulo. Eles recebiam baixos salários e enfrentavam condições de vida difíceis e precárias. Leia o trecho a seguir, do historiador Boris Fausto:

> Nos primeiros anos da imigração em massa, os imigrantes foram submetidos a uma dura existência, resultante das condições gerais de tratamento dos trabalhadores no país, onde eles quase equivaliam aos escravos.
> FAUSTO, Boris. **História concisa do Brasil**. São Paulo: Edusp, 2012. p. 158.

Descontentes com essa situação, muitos imigrantes abandonavam as fazendas e iam para as cidades, onde passavam a trabalhar como artesãos ou como operários em fábricas ou abriam pequenos negócios. Na cidade, as expectativas de uma vida melhor ou até mesmo de enriquecer eram maiores.

Vamos falar sobre...

Solidariedade aos imigrantes

Como você viu, com a abolição do trabalho escravo no Brasil, grande quantidade de imigrantes veio ao país para trabalhar nas fazendas de café. Esses imigrantes enfrentaram duras condições de vida e de trabalho no Brasil, pois muitas vezes eram tratados pelos donos das fazendas como escravos.

O que leva pessoas a deixar a sua terra e se aventurar em outro país, muitas vezes sem sequer conhecer a língua falada e os costumes da sua população?

As pessoas podem deixar seu país por diversas razões: crise econômica, falta de emprego, guerras, perseguição em razão de crença, religião ou etnia, etc. O governo e a população do país que acolhe os imigrantes devem recebê-los bem, ajudando-os a se integrar à nova sociedade.

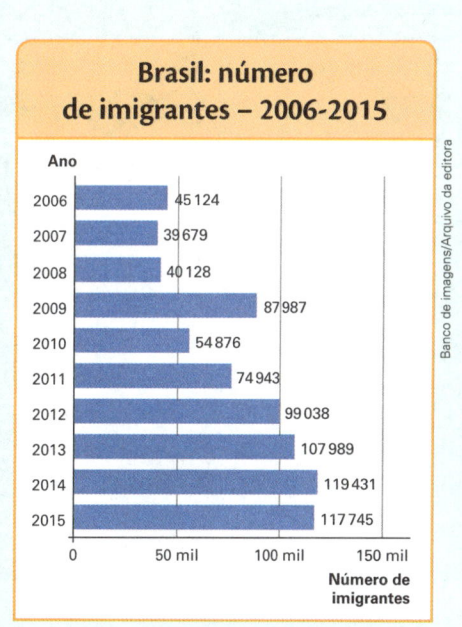

Brasil: número de imigrantes – 2006-2015

Ano	Número de imigrantes
2006	45 124
2007	39 679
2008	40 128
2009	87 987
2010	54 876
2011	74 943
2012	99 038
2013	107 989
2014	119 431
2015	117 745

VELASCO, Clara; MANTOVANI, Flávia. Em 10 anos, número de imigrantes aumenta 160% no Brasil, diz PF. G1. Disponível em: <http://g1.globo.com/mundo/noticia/2016/06/em-10-anos-numero-de-imigrantes-aumenta-160-no-brasil-diz-pf.html>. Acesso em: janeiro de 2018.

- Observem o gráfico acima e vejam a quantidade de imigrantes que chegaram ao Brasil entre 2006 e 2015. Em seguida, reflitam: O que podemos fazer para acolher melhor os imigrantes que chegam ao nosso país? Pesquisem o assunto e registrem as informações em um cartaz.

A transformação das cidades

Assista
Século XX: primeiros tempos

Apesar de não ter conseguido garantir cidadania à maioria da população, o governo republicano se preocupava em passar uma imagem de progresso e modernidade. Essa intenção se reflete até mesmo no lema inscrito na nova bandeira nacional: "Ordem e Progresso".

Uma das iniciativas do novo governo foi a transformação das cidades, que deveriam se tornar mais modernas, belas e higiênicas. Em cidades como São Paulo, Rio de Janeiro, Belo Horizonte e Porto Alegre, construções antigas e ruelas estreitas foram demolidas para dar lugar a prédios públicos, casarões e largas avenidas. A população mais pobre, que vivia nos **cortiços**, foi expulsa do centro das cidades e acabou tendo que morar nos bairros da periferia. Mais tarde, esse processo levaria à formação de favelas e outras formas de habitação que ainda fazem parte da paisagem das cidades brasileiras.

cortiço: habitação coletiva da população mais pobre de uma cidade.

Autor desconhecido. c. 1905/Coleção particular

Diante do crescimento desordenado do Rio de Janeiro e do sonho das autoridades de tornar a capital do país semelhante às cidades europeias, foi iniciado um plano de reforma urbana que desalojou a população mais pobre, expulsando-a para a periferia. Ao lado, prédios demolidos para a ampliação de uma avenida no Rio de Janeiro, Rio de Janeiro. Foto de 1905.

Outra iniciativa do governo foi tomar algumas medidas para higienizar as cidades. No início da República, os habitantes das grandes cidades sofriam com constantes epidemias, como a febre amarela, a varíola, o tifo e a malária. Para prevenir essas epidemias, o governo promoveu a pesquisa de vacinas que combatessem essas moléstias.

Em outubro de 1904, para combater a varíola no Rio de Janeiro, o governo determinou a vacinação obrigatória da população. Embora a medida fosse positiva e necessária, ela foi aplicada de maneira autoritária. Os funcionários invadiam a casa das pessoas e as vacinavam à força, sem que elas compreendessem para que servia a vacina.

Rebelião na cidade

Revoltadas com essa atitude autoritária do poder público, as pessoas tomaram as ruas da cidade e protestaram durante várias semanas. Muitas pessoas foram presas e houve mortos e feridos. Esse acontecimento ficou conhecido como **Revolta da Vacina**.

1 Observe a charge e responda às questões.

Charge de Leônidas Freire sobre a Revolta da Vacina, publicada na revista **O Malho** de 29 de outubro de 1904.

a) Quais elementos da charge indicam que está havendo um confronto?

b) Por que as campanhas de vacinação lançadas atualmente pelo governo são bem-aceitas?

2 Observe o gráfico e faça o que se pede.

- Na virada para o século XX, o Brasil mantinha sua tradição de produtor agrícola. Justifique essa afirmativa no caderno, com base nos dados do gráfico ao lado.

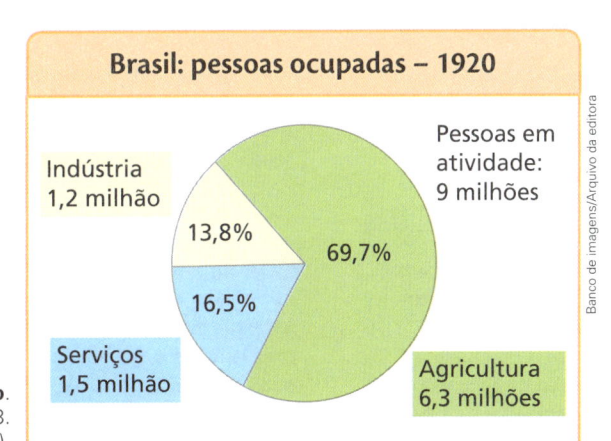

SCHWARCZ, Lilia M. (Coord.). **A abertura para o mundo**. Rio de Janeiro: Objetiva/Fundación Mapfre, 2012. p. 43. (História do Brasil Nação: 1808-2010, 3).

Brasil: pessoas ocupadas – 1920

Pessoas em atividade: 9 milhões

- Indústria 1,2 milhão — 13,8%
- Serviços 1,5 milhão — 16,5%
- Agricultura 6,3 milhões — 69,7%

Fazendo História!

Cidadania em ação: projeto de lei

Para a convivência em comunidade, são necessárias regras ou leis. Elas garantem o funcionamento de diversos setores, como educação, saúde, transporte, segurança, entre outros. Quem elabora e aprova as leis é o Poder Legislativo. Esse poder é representado pela Câmara dos Deputados e pelo Senado Federal, que, juntos, formam o Congresso Nacional, localizado em Brasília, capital do país.

Antes de ser aprovada pelo Congresso Nacional, uma lei é chamada de projeto. Ou seja, é uma ideia que pode ou não ser transformada em lei no futuro. A aprovação de um projeto de lei depende de sua aceitação pelos representantes eleitos pela população. Todos os projetos de lei apresentados precisam estar de acordo com a Constituição federal, a lei máxima do país. Qualquer cidadão pode propor um projeto de lei.

Veja no esquema a seguir o caminho que um projeto de lei percorre até ser aprovado e transformado em lei no Brasil.

Congresso Nacional, em Brasília, Distrito Federal. Foto de 2016.

Aprovação de uma nova lei

1 Cidadão ou deputado propõe novo projeto de lei.

2 Presidente da Câmara encaminha o projeto para ser analisado por uma comissão. Exemplo: se o projeto trata de educação, segue para a Comissão de Educação e Cultura.

3 Na comissão, é escolhido um relator que estuda o projeto e pode propor emendas (ajustes) a ele. O relator deve apresentar o projeto aos colegas deputados.

4 O presidente da Câmara determina se o projeto deve passar ou não pelo plenário, onde será discutido e votado por todos os deputados que representam os brasileiros.

5 Se não for aprovado, o projeto de lei é arquivado. Se for aprovado, o projeto vai para o Senado, a outra casa do Legislativo, e segue um caminho semelhante.

6 Se aprovado também no Senado, o projeto de lei segue para a sanção do presidente da República, que pode aprovar a lei com ou sem emendas (ajustes).

7 Por fim, a nova lei é publicada no Diário Oficial para que todos fiquem sabendo que, a partir daquela data, a lei entra em vigor.

1 Leia o texto a seguir, sobre um projeto de lei elaborado por João Pedro de Souza Mello, um estudante de 13 anos.

> Autor de um dos projeto de lei aprovados na Câmara Mirim 2009, o estudante de uma escola particular de Brasília João Pedro de Souza Mello, de 13 anos, considera a participação no evento uma experiência única, que contribuiu para seu aprendizado e o ajudou a ter uma visão mais clara do trabalho dos deputados.
>
> Seu projeto proíbe o fumo de cigarros perto de menores de 18 anos em lugares habitualmente frequentados por crianças, como os parques de diversão. "A Câmara Mirim é uma verdadeira aula de cidadania. Depois que participei, tive uma visão mais clara de como funciona a aprovação de um projeto de lei. Isso despertou meu interesse por projetos de lei. Pesquisei e aprendi muito", declara.
>
> CÂMARA DOS DEPUTADOS. Crianças se candidatam a deputados na Câmara Mirim. Disponível em: <www2.camara.leg.br/comunicacao/assessoria-de-imprensa/noticias/criancas-se-candidatam-a-deputados-na-camara-mirim>. Acesso em: janeiro de 2018.

a) Qual é o tema do projeto de lei elaborado por João Pedro de Souza Mello?

b) Qual é a importância do projeto de João Pedro para a melhoria da vida das pessoas que vivem em comunidade?

2 Vamos encenar a aprovação de um projeto de lei? Sigam o roteiro.

- Escolham quem interpretará os seguintes papéis na encenação: o cidadão ou o deputado que apresentará o projeto de lei; os integrantes da comissão que analisará o projeto; o relator da comissão que pode propor emendas ao projeto de lei; e os deputados que votarão para a aprovação ou reprovação do projeto.
- Escolham um tema para o projeto de lei e escrevam os diálogos. Elaborem uma conversa que envolva todos os participantes com argumentos contra e a favor do projeto. Essa conversa deve chegar a uma conclusão: o projeto de lei será ou não aprovado?
- Ensaiem os diálogos e convidem colegas de outras turmas para a apresentação.

As inovações tecnológicas

Leia — Trem da vida

> O crescimento das cidades brasileiras no início da República foi acompanhado pela chegada de novas tecnologias. Será que essas inovações eram acessíveis a toda a população?

Nas primeiras décadas da República, com as transformações urbanas e a chegada dos imigrantes, a população das cidades brasileiras crescia cada vez mais. Aos poucos, a iluminação elétrica substituiu a luz dos lampiões, e os bondes movidos a eletricidade e os primeiros carros movidos a gasolina passaram a circular nas ruas. Também foram instaladas as primeiras linhas telefônicas.

Para atender às cidades que cresciam e se modernizavam, o governo criou sistemas de esgoto e de água potável, melhorou portos e ferrovias, e construiu as primeiras rodovias para os automóveis circularem.

A máquina de escrever permitia redigir textos sem usar pena e tinta. O fonógrafo possibilitava às pessoas ouvir música sem sair de casa e sem possuir um instrumento musical. O cinematógrafo, um aparelho que reproduzia imagens em movimento, forneceu as bases da indústria do cinema.

Porém, a população mais pobre, que vivia em pequenos municípios do interior ou nos subúrbios das grandes cidades, não teve acesso a essas inovações.

Viaduto do Chá, na região central de São Paulo, São Paulo. Foto de 1918. Uma das novidades que ajudaram a modificar o cotidiano da população foi o bonde elétrico. O uso da eletricidade para mover bondes (antes movidos por tração animal) permitia viagens mais rápidas e um serviço mais eficiente.

UNIDADE 5

1. Leia a seguir os versos de uma música do início do século XX.

> O vovô, agarra a direção,
> E com a outra mão, torce o bigodão,
> Segue a vinte à hora, que emoção,
> Olha o poste, olha o burro.
> (fom, fom). [...]
>
> OLIVEIRA, Thalma de; FILHINHO. Carro de bigode. Intérprete: Francisco Petrônio. Disponível em: <www.vagalume.com.br/francisco-petronio/carro-de-bigode.html>. Acesso em: janeiro de 2018.

a) A que novidade tecnológica se refere a música?

b) Que outras novidades tecnológicas surgiram no cotidiano das grandes cidades no início do século XX?

2. Observe a fotografia e responda às questões no caderno.

Jovens e crianças em frente a habitação na cidade do Rio de Janeiro, Rio de Janeiro. Foto de 1906.

a) Quais foram os projetos implantados no início do governo republicano que visavam à melhoria da saúde pública?

b) Esses projetos eram acessíveis a toda a população brasileira? Explique com base na observação da foto.

Rede do conhecimento

Tecnologia

América portuguesa: o Brasil colônia

Século XVI – Encontro entre duas culturas: americana e europeia
O desenvolvimento de caravelas e naus e o uso de instrumentos de navegação (como o astrolábio e a bússola) permitiram que navegadores europeus chegassem ao continente americano.

Século XVII – Holandeses na América portuguesa
Em 1630, os holandeses ocuparam Pernambuco e controlaram a região litorânea de Pernambuco ao Ceará durante 24 anos. Nesse período, as cidades de Olinda e Recife passaram por intenso processo de urbanização.

Vista da cidade Maurícia e do Recife, de Frans Post, 1653 (óleo sobre madeira, 48,2 cm × 83,6 cm).

Século XVIII – O balão e a tecnologia dos transportes aéreos

1709
Bartolomeu de Gusmão foi responsável pelo primeiro voo tripulado e bem-sucedido de um balão de ar quente (aeróstato). O invento foi demonstrado à Corte de Portugal.

1783
O balão de ar quente só foi difundido a partir dessa data com as pesquisas dos irmãos Montgolfier, na França. Os balões permitiram o aprofundamento do estudo sobre altitude e atmosfera e impulsionaram o desenvolvimento das futuras aeronaves. Mais tarde, o balonismo se tornou comum em toda a Europa.

Balão de ar quente dos irmãos Montgolfier, em gravura de 1868.

Brasil independente

1854 – O império do café
1867 – Inauguração da ferrovia
A chegada da ferrovia ao Brasil revolucionou o sistema de transporte. O transporte de café por estrada de ferro era cerca de seis vezes mais barato do que o modelo anterior, feito por mulas. A modernização dos transportes brasileiros facilitou também as comunicações.

Trecho da ferrovia São Paulo Railway, em cartão-postal, cerca de 1910.

O universo da comunicação
1844 – O telégrafo revolucionou as comunicações, pois foi o primeiro aparelho a permitir a comunicação a distância por meio de cabos e eletricidade.
1874 – Um cabo submarino permitiu a transmissão telegráfica para troca de informação entre continentes. Notícias nacionais e internacionais passaram a ser transmitidas pela primeira vez em tempo real.
O telégrafo também comunicava às estações ferroviárias os trechos livres para o trem trafegar com segurança.

Brasil República

Início do século XX
O Rio de Janeiro (capital federal da República na época) teve prioridade nas reformas urbana e sanitária. Destacam-se a reforma do porto e a abertura da avenida Central (atual Rio Branco), tendo como modelo a cidade de Paris.

Cortiços foram demolidos para ampliar a circulação do ar e a rede de água e esgoto. Foto de 1905.

1904
Revolta da Vacina na cidade do Rio de Janeiro contra a obrigatoriedade da vacinação imposta pelo diretor-geral da Saúde Pública, Oswaldo Cruz.

1906
O brasileiro Alberto Santos Dumont é considerado um dos principais responsáveis pelo desenvolvimento da aviação. O primeiro voo de seu avião, o 14-Bis, foi feito em 1906, em Paris, e pode ser considerado o primeiro voo bem-sucedido de um objeto mais pesado que o ar.

1922
Inauguração da primeira transmissão de rádio nas comemorações do centenário da Independência. A Era de Ouro do rádio durou até a década de 1950.

Década de 1950
A tecnologia de transmissão por ondas eletromagnéticas (radiotransmissão) possibilitou as transmissões de voz (rádio), de imagens (TV) e de dados (computador).

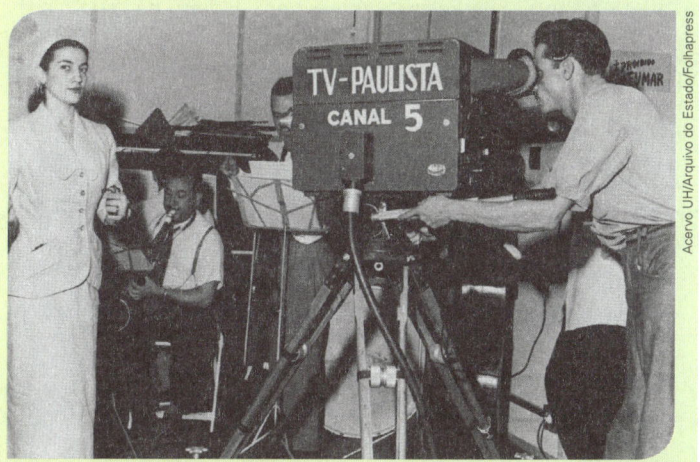

Gravação no estúdio da TV Tupi, em São Paulo, São Paulo. Foto de 1952.

A revolução das comunicações
1977 – Primeiro computador completo.
1981 – Primeiro computador pessoal.
1993 – Criação da internet e do celular. A internet abriu novas possibilidades de informação, interatividade, relações pessoais, notícias, compras, entre outros recursos.

TRS-80, primeiro sistema de computador completo de tamanho reduzido, do início da década de 1980. O desenvolvimento da tecnologia dos computadores pessoais (PC) revolucionou as comunicações, gerando impacto nas relações políticas, sociais e econômicas.

Século XX – Corrida espacial e armamentista
Década de 1960 – lançamento de satélites brasileiros de comunicação e pesquisa e de foguetes de sondagem.
1993 – Lançamento do primeiro satélite brasileiro na órbita da Terra para fornecer serviços de telefonia, televisão, radiodifusão e transmissão de dados.
2006 – Primeira Missão Científica Espacial brasileira, com a qual o tenente-coronel Marcos Pontes tornou-se o primeiro brasileiro a viajar ao espaço.

Marcos Pontes. Foto de 2006.
Atualmente – o Sistema de Coleta de Dados é composto de diferentes satélites; suas informações são distribuídas a diversas instituições no Brasil e no mundo.

Vamos retomar

1 Preencha a ficha sobre a Proclamação da República.

Regime derrubado	
Quando ocorreu	
Líder do movimento	
Grupo social envolvido	

2 Quem eram os coronéis e qual era o seu papel no início da República?

_____

_____

_____

3 Leia o trecho de uma notícia publicada em 1904 e responda às questões.

> Tiros, gritaria, engarrafamento de trânsito, comércio fechado, transporte público assaltado e queimado, lampiões quebrados às pedradas, destruição de fachadas dos edifícios públicos e privados, árvores derrubadas: o povo do Rio de Janeiro se revolta contra o projeto de vacinação obrigatório proposto pelo sanitarista Oswaldo Cruz.
>
> **Gazeta de Notícias**, Rio de Janeiro, 14 de novembro de 1904. Edição 319. Disponível em: <http://memoria.bn.br/DocReader/DocReader.aspx?bib=103730_04&PagFis=0&Pesq=>. Acesso em: janeiro de 2018.

a) Como ficou conhecido o movimento a que se refere a notícia?

_____

b) Que outras medidas foram tomadas na época para modernizar e higienizar as cidades brasileiras?

_____

_____

_____

UNIDADE 5

Autoavaliação

Terminamos a unidade 5! Leia as frases abaixo e faça um **X** no desenho que melhor expressa sua opinião sobre cada uma delas.

1. Compreendi como ocorreu a mudança da Monarquia para a República no Brasil.			
2. Entendi que essa mudança não resultou em mais direitos e na ampliação da cidadania para a maioria da população brasileira.			
3. Reconheço mudanças ocorridas na sociedade brasileira no início da República.			
4. Conheci como é feita a aprovação de uma nova lei.			
5. Identifico inovações tecnológicas surgidas nas primeiras décadas da República.			

Sugestões

📖 Para ler

- **Trem da vida**, de Helena Guimarães Campos, Formato.

  Narrativa em versos, a obra acompanha a trajetória de um povoado – posteriormente transformado em cidade –, no qual se construiu uma estrada de ferro, revelando as consequências positivas e negativas do processo de inovação trazido pela via férrea.

▶ Para assistir

- **Século XX: primeiros tempos**, direção de Fernando Severo. Brasil, 1993. Curta-metragem. Instituto Itaú Cultural. Disponível em: <www.itaucultural.org.br/phb-seculo-xx-primeiros-tempos-versao-integral>. Acesso em: maio de 2018.

  Apresenta, por meio de narrativa, imagem e música, um panorama histórico brasileiro no século XX, abordando a urbanização, a política, as mudanças nas cidades e os costumes da população.

UNIDADE

6
O Brasil dos trabalhadores

Nesta unidade você vai:

- Entender como se iniciou a luta dos trabalhadores por direitos políticos e sociais e como foram criadas as organizações de trabalhadores no início do século XX no Brasil.
- Reconhecer o valor da luta das mulheres para a conquista de direitos.
- Conhecer alguns direitos trabalhistas de homens e mulheres.
- Refletir sobre o significado e a importância do direito ao lazer.
- Compreender a importância do rádio no Brasil entre as décadas de 1930 e 1950.
- Associar a Semana de Arte Moderna ao contexto de mudanças ocorridas no Brasil no início do século XX.

Observe a fotografia e converse com os colegas e o professor.

1. Quem são as pessoas representadas na fotografia? O que podemos deduzir a partir das roupas que essas pessoas estão usando?

2. O que significa o relógio no canto esquerdo da fotografia?

3. Na sua opinião, qual é a importância dos trabalhadores e da indústria para a sociedade?

Operários da General Motors, na avenida Presidente Wilson, em São Paulo, São Paulo, 1928. A industrialização no Brasil foi tardia. As primeiras fábricas modernas do país só apareceram no início do século XX e utilizavam principalmente a mão de obra imigrante. Na foto, vemos os trabalhadores da General Motors reunidos para comemorar a produção do carro de número 50 mil em território brasileiro.

A luta dos trabalhadores

> Como você imagina o cotidiano dos trabalhadores no início do século XX? Como eles lutavam por seus direitos?

Hoje, os trabalhadores brasileiros têm direitos garantidos pela Constituição e outras leis federais. Esses direitos são conhecidos como **direitos sociais**. Entre eles estão os direitos a um trabalho digno, a um salário justo, a férias e descanso remunerados.

Embora nem sempre esses direitos sejam inteiramente cumpridos na prática, é importante que haja leis às quais os trabalhadores possam recorrer caso sofram injustiças. Os trabalhadores também podem se organizar para lutar por seus direitos e por melhores condições de vida e de trabalho.

A dura rotina nas fábricas

No início do século XX, quando a indústria começava a se desenvolver no Brasil, não havia leis para garantir os direitos dos trabalhadores. O trabalho nas fábricas era bastante duro. A jornada de trabalho chegava a dezesseis horas por dia, os salários eram baixos, os acidentes, muito frequentes e as condições de trabalho, péssimas.

Mulheres e crianças também trabalhavam nas fábricas, ganhando muito menos do que os homens adultos. Por trabalharem muitas horas, as mulheres operárias tinham dificuldade para cuidar dos filhos, e as crianças operárias geralmente não tinham a oportunidade de ir à escola. Quando as empresas enfrentavam algum problema econômico, muitos trabalhadores eram demitidos sem nenhum tipo de compensação, e os que ficavam podiam ter seus salários reduzidos.

Operários da Companhia Martins Ferreira, em São Paulo, São Paulo, em cerca de 1910. Havia muita demanda por ferraduras no início do século XX, já que nessa época ainda não havia veículos motorizados em circulação e praticamente todo o transporte terrestre era feito a cavalo. Muitas indústrias davam preferência à contratação de imigrantes, que, em sua maioria, já tinham alguma noção do processo industrial.

1) **Leia o texto e responda às questões.**

> [...]
> O ambiente daquelas fábricas, movidas a vapor, era completamente nocivo à saúde. Insalubre. Umidade, fumaça de carvão, vapor vazando e uma alimentação de miséria eram o caldo ideal para a tuberculose e outras doenças infecciosas, como o tifo e a cólera. Em 1910, nas fábricas de São Paulo, a idade média de vida do trabalhador chegava a 19 anos. [...]
>
> GIANNOTTI, Vito. **História das lutas dos trabalhadores no Brasil**.
> Rio de Janeiro: Mauad X, 2007. p. 53.

a) Qual é o tema do texto?

b) Quais eram as consequências sofridas pelos operários?

2) **Leia as informações da tabela e responda às questões.**

Brasil: tipos de indústria e sua participação no valor da produção (1920)	
Tipo de indústria	Participação no valor da produção (valores aproximados)
Alimentação	40%
Têxtil	28%
Vestuário e objetos de toucador	8%
Indústria química e análogos	8%
Outros grupos	16%

LIMA, Heitor Ferreira. **História político-econômica e industrial do Brasil**.
São Paulo: Companhia Editora Nacional, 1970. p. 331.

a) A que ano se referem os dados da tabela?

b) Nesse ano, dois tipos de indústria participavam, juntos, com mais de 60% no valor da produção industrial do Brasil. Quais eram eles?

Os trabalhadores se organizam

Em razão das condições de trabalho precárias e da exploração diária a que eram submetidos, os operários criaram organizações para lutar por seus direitos. Suas principais reivindicações eram: jornada diária de oito horas, direito a férias e descanso semanal remunerados, proibição do trabalho de crianças e do trabalho noturno de mulheres, seguro contra acidentes de trabalho e aposentadoria.

A grande greve de 1917

Uma das formas de pressionar os patrões e o governo a melhorar as condições de trabalho era a realização de greves. Em 1917, os trabalhadores decidiram fazer uma greve geral, que praticamente parou o país, para reivindicar seus direitos. Ela começou na cidade de São Paulo e se espalhou por diversas outras cidades.

A mando do governo, os trabalhadores foram violentamente reprimidos pela polícia. Houve mortes e prisões, e muitos trabalhadores estrangeiros foram expulsos do país. A greve de 1917 foi a primeira de uma série. Essas manifestações foram muito importantes, pois denunciavam o caráter autoritário do governo republicano e revelavam a força da classe trabalhadora.

Na greve geral de 1917, os trabalhadores protestavam contra as péssimas condições de trabalho nas fábricas, a **carestia** e o autoritarismo do governo. Acima, grevistas no largo do Palácio, em São Paulo, São Paulo, durante a greve geral.

carestia: falta de bens essenciais à sobrevivência ou escassez de um produto específico.

1 Leia uma notícia do início do século XX, publicada novamente em 2011 em comemoração a um século do jornal gaúcho **Correio do Povo**.

> Pelotas – No dia 13 do corrente, declararam-se em gréve os operarios da fabrica Fiação e Tecidos Pelotense. Os operarios que procuravam entrar na fabrica foram impedidos nisso, bem como as operarias, pelos grêvistas. A fabrica teve de fechar por esse motivo. Deu origem á parede o facto de haverem sido despedidos os operarios Venancio Pons, José Paladino e Manoel Borba, pelo director da secção de tecelagem Luiz Mazzuchelli. Os operarios da Fiação solicitaram, então, do director-gerente que fosse Luiz despedido e reintegrados aquelles tres companheiros nos seus logares. Não sendo attendidos neste pedido, resolveram declarar-se em gréve.
>
> CORREIO DO POVO. Porto Alegre, ano 116, n. 169, 18 de março de 2011. Seção Há um século no Correio do Povo. Disponível em: <www.correiodopovo.com.br/Impresso/?Ano=116&Numero=169&Caderno=0&Noticia=269543>. Acesso em: janeiro de 2018.

- De acordo com a notícia, qual foi o motivo da greve realizada pelos operários?

_____

_____

2 Leia a tirinha e responda às questões.

ZIRALDO. *Site* do Menino Maluquinho. Disponível em: <http://omeninomaluquinho.educacional.com.br/PaginaTirinha/PaginaAnterior.asp?da=01042013>. Acesso em: janeiro de 2018.

a) Qual é a proposta de Carolina para os colegas?

_____

b) O que a turma pretende conseguir com o movimento?

_____

c) Procure a palavra "greve" no dicionário e escreva seu significado no caderno.

Direitos para as mulheres

No início do século XX, com o desenvolvimento da indústria, as mulheres começaram a entrar no mercado de trabalho, atuando principalmente como operárias nas fábricas. No entanto, era comum as mulheres receberem salários mais baixos que os dos homens, cumprirem jornadas de trabalho que chegavam a dezesseis horas por dia, além de cuidarem da casa e dos filhos.

Mulheres operárias em indústria de tecelagem, em São Paulo, São Paulo. Foto da década de 1920.

Para mudar essa situação, as mulheres precisavam conquistar sua participação política. Para defender os direitos da mulher, em particular o direito ao voto, foi fundada em 1922 a Federação Brasileira para o Progresso Feminino (FBPF). Entre os principais objetivos dessa organização, estavam:

> [...] assegurar à mulher os direitos políticos que a nossa Constituição lhe confere e prepará-la para o exercício inteligente desses direitos.
> MORAES, Maria Lygia Quartim de. Cidadania no feminino. Em: PINSKY, Jaime; PINSKY, Carla Bassanezi (Org.). **História da cidadania**. São Paulo: Contexto, 2003. p. 508.

Por todo o país, as mulheres se organizavam na campanha pelo direito ao voto. Por fim, o governo aprovou, em 1932, uma lei que garantia às mulheres o direito de participar das eleições como eleitoras ou candidatas.

No início do século XX, a cientista Bertha Lutz se destacou na defesa dos direitos das mulheres. Sua atuação foi muito importante na campanha pelo voto feminino. Foto de 1935.

1 Escreva no caderno as vantagens que os empregadores tinham quando contratavam mulheres em vez de homens, no início do século XX.

2 Por que era importante para as mulheres ter participação política no Brasil? Na sua opinião, essa importância se mantém nos dias de hoje? Justifique.

3 Entreviste uma mulher mais velha da sua família ou do bairro em que você vive. Siga o roteiro e anote as respostas no caderno.

- Na época em que você começou a trabalhar, as mulheres podiam escolher e exercer qualquer profissão?
- Elas deviam cuidar dos afazeres domésticos e da criação dos filhos?
- Você tem alguma ocupação remunerada atualmente? Qual?
- Na sua opinião, o trabalho feminino é importante? Por quê?
- Como você e as pessoas da sua família contribuem nas tarefas domésticas?

a) Apresente o resultado de sua entrevista para a turma.

b) Elaborem um texto com o título: "O trabalho feminino na atualidade".

Vamos falar sobre...

O Dia Internacional da Mulher

Comemorado no dia 8 de março, o Dia Internacional da Mulher relembra a importância da luta das mulheres por seus direitos. Essa data foi escolhida porque, no dia 8 de março de 1857, na cidade de Nova York, nos Estados Unidos, 129 operárias morreram queimadas depois de terem sido trancadas em uma fábrica de tecidos. Elas participavam de uma manifestação pela diminuição da jornada diária de trabalho para dez horas e pelo direito à licença-maternidade. Hoje, mesmo após muitos direitos conquistados, as mulheres continuam lutando todos os dias contra a discriminação e a violência sofrida em ambientes públicos e privados.

- Na sua opinião, qual é a importância de existir uma data internacional para a reflexão e discussão sobre os direitos das mulheres?

Manifestação durante o Dia Internacional da Mulher, no Recife, em Pernambuco. Foto de 2016.

Os trabalhadores conquistam direitos

> Quais direitos do trabalhador você conhece? Na sua opinião, por que esses direitos são importantes?

Desde a grande greve de 1917 até a atualidade, os trabalhadores conquistaram direitos importantes. Essas conquistas foram resultado da sua luta cotidiana por melhores condições de trabalho. Contudo, o processo de conquista de direitos é uma luta contínua, que faz parte da cidadania.

Veja alguns dos principais direitos conquistados pelos trabalhadores no Brasil.

1927

Aprovação do Código de Menores, que proibia o trabalho de crianças de até 11 anos e instituía restrições para o trabalho de menores entre 12 e 17 anos.

Meninos vendedores de jornais, no Rio de Janeiro, Rio de Janeiro. Foto de 1899.

1934

Direito a férias para todos os trabalhadores do comércio e da indústria. Proibição do trabalho feminino em ambientes insalubres. Salário-maternidade e licença-maternidade.

1932

Jornada de oito horas para os trabalhadores do comércio e da indústria. Proibição do trabalho noturno para mulheres. Criação da Carteira Profissional.

Carteira de Trabalho e Previdência Social utilizada na atualidade.

Trabalhador em indústria mecânica, em Assaí, no Paraná. Foto de 2017.

102 UNIDADE 6

1963

Trabalhadores rurais conquistam os mesmos direitos que os trabalhadores urbanos.

Trabalhadores rurais durante a colheita de cacau, em Ilhéus, na Bahia. Foto de 2015.

1943

Consolidação das Leis do Trabalho (CLT), código de leis que assegura os direitos dos trabalhadores.

Gari, em Porto Alegre, no Rio Grande do Sul. Foto de 2016.

1940

Criação do salário mínimo.

Cédulas e moedas do real.

1986

Criação do seguro-desemprego.

Cartão do Cidadão, cuja função é facilitar o acesso do trabalhador aos benefícios sociais e trabalhistas a que tem direito.

1988

Garantia do direito de greve. Proibição da diferença de salário entre homens e mulheres para a mesma função.

Greve geral em São Paulo, São Paulo. Foto de 1989.

2013

Trabalhadores domésticos conquistam os direitos definidos na CLT.

Trabalhadora doméstica no Rio de Janeiro, Rio de janeiro. Foto de 2013.

1 Leia a notícia a seguir, publicada em 14 de novembro de 2012 na seção Esquecidas da Abolição, do jornal **Correio Braziliense**.

> **Empregadores acreditam em desemprego em massa no caso de regulamentação**
>
> Apesar da aprovação unânime em comissão especial da Câmara dos Deputados na última semana, a Proposta de Emenda à Constituição 478/2010, que pretende igualar os direitos dos empregados domésticos aos dos demais trabalhadores no país, ainda provoca muita polêmica. O projeto será encaminhado nos próximos dias ao plenário da Casa — onde terá de passar por duas votações e então seguir ao Senado. Ao empregador interessa saber, exatamente, quanto custará ter uma pessoa que cuide de sua casa, filhos, plantas e animais, caso o texto seja aprovado sem modificações. Cálculos feitos por especialistas a pedido do **Correio** mostram que o impacto no bolso de quem contrata pode chegar a quase 50% sobre o valor do salário pago atualmente — excluindo gastos variáveis, como vale-transporte e eventuais horas-extras.
>
> MARIZ, Renata. PEC que pretende igualar direitos das domésticas provoca polêmica.
> **Correio Braziliense**, Brasília, 14 nov. 2012.

a) Por que o projeto causou polêmica?

b) Observe novamente a linha do tempo das páginas 102 e 103 e responda: Quem venceu essa polêmica?

c) Explique como funciona a tramitação de um projeto de lei.

d) Qual é a relação entre esse projeto de lei e o título da seção do jornal, Esquecidas da Abolição?

e) Você sabe o que significa PEC? Pesquise o significado e anote-o abaixo.

2 Faça uma pesquisa sobre o salário mínimo e responda às questões.

a) O que é salário mínimo?

....

....

b) Qual é o valor atual do salário mínimo?

....

c) Na sua opinião, o salário mínimo garante melhores condições de vida ao trabalhador? Explique.

3 Leia a afirmativa a seguir.

> Os trabalhadores rurais sempre receberam o mesmo tratamento que os trabalhadores urbanos.

a) A afirmativa é verdadeira ou falsa?

....

b) Qual é a diferença entre trabalhadores urbanos e trabalhadores rurais?

....

....

....

O direito à cultura e ao lazer

O direito ao lazer é reconhecido pela Constituição federal como um dos direitos mais importantes do indivíduo. Momentos de interrupção do trabalho e de descontração por meio de atividades prazerosas são fundamentais para uma vida digna e saudável.

Nas décadas de 1930 e 1940, os trabalhadores conquistaram benefícios importantes, como a redução da jornada de trabalho, o direito a férias remuneradas e o salário mínimo. Tais conquistas permitiram que muitos trabalhadores e suas famílias tivessem mais tempo para a cultura e o lazer. Esse tempo livre era ocupado com atividades que se tornaram muito populares, como assistir a campeonatos de futebol, ir ao cinema e ouvir programas de rádio.

Veja a seguir algumas das manifestações culturais mais populares entre os trabalhadores brasileiros nas décadas de 1930 e 1940. Ainda hoje essas manifestações culturais são marcas da identidade brasileira.

Futebol

É o esporte mais popular do Brasil. A partir da década de 1930, deixou de ser uma atividade amadora: times profissionais foram organizados para disputar campeonatos dentro e fora do país.

Conhecido como "Diamante Negro", Leônidas da Silva foi um dos primeiros atletas negros a se destacar no futebol brasileiro. Leônidas é considerado o inventor do famoso "gol de bicicleta", mostrado na foto, do início da década de 1940.

Carnaval

É a festa de rua mais popular do Brasil. Na década de 1930, passou a receber apoio do Estado para a organização das escolas de samba e dos grandes desfiles em cidades como Rio de Janeiro, Salvador e Olinda.

O Carnaval de Olinda é um dos mais populares do Brasil, com o tradicional desfile de bonecos gigantes. Foto de 2017.

Cinema

Ainda é um dos meios de comunicação mais importantes do Brasil. Na década de 1930, chegou ao país o cinema falado. Foram fundadas companhias cinematográficas, como a Cinelândia e a Atlântida, para produzir filmes populares com temática nacional.

Atores como Oscarito e Grande Otelo se destacaram atuando em comédias populares, as "chanchadas". Na foto, os dois atores em **A dupla do barulho**, de Carlos Manga, em 1953.

Rádio

O rádio se popularizou no Brasil a partir da década de 1930. As famílias se reuniam para ouvir seus cantores e cantoras prediletos e para acompanhar as notícias, os discursos do presidente da República e as radionovelas.

Antes da chegada da televisão, o rádio era o principal meio de divulgação da música popular brasileira. Na foto, a cantora mais popular da época, Carmen Miranda, em 1939.

1. No começo do século XX, os jornais operários tinham forte presença no cotidiano das cidades e tinham a função de esclarecer, mobilizar e divulgar os direitos dos trabalhadores (operários). Hoje, esses jornais são importantes fontes da memória desses trabalhadores e servem como fonte de pesquisa para estudiosos e todos os demais interessados naquele contexto histórico.

Página do jornal operário **A Plebe**, periódico de São Paulo, publicado em 21 de janeiro de 1917.

a) Observe a imagem e leia a legenda. Quando, onde e por quem foi publicado o periódico?

b) Qual a relação entre o título e a classe operária?

2. Escolha uma causa que vocês desejam transformar no presente. Em grupos organizem um jornal mural defendendo essa causa. Distribuam as tarefas entre os grupos: pesquisa do texto, escolha das imagens, manchete principal, etc. Depois publiquem o resultado no espaço da escola e compartilhem com os demais colegas.

3. Escolha uma das personalidades citadas na página 106 e siga o roteiro.

- Faça uma pesquisa sobre essa personalidade e escreva uma pequena biografia sobre ela em uma folha avulsa.
- Reúna imagens que mostrem essa personalidade em seu trabalho e monte um cartaz com esse material.
- Apresente essa personalidade aos colegas e explique por que você a admira.

Fazendo História!

A Era de Ouro do rádio no Brasil

O período entre as décadas de 1930 e 1950 é conhecido como a **Era de Ouro do rádio** no Brasil. O rádio se tornou um importante meio de comunicação de massa, pois era popular e atingia um grande número de pessoas.

O rádio estava muito presente no cotidiano das famílias. Era por meio dele que as pessoas se informavam sobre o Brasil e o mundo e também se divertiam com as radionovelas, o radioteatro, os programas musicais e de humor, além do futebol.

Getúlio Vargas, então presidente do Brasil, em pronunciamento à população pelo rádio, em 1930.

Comemoração do 28º aniversário da Rádio Nacional, no Rio de Janeiro, Rio de Janeiro, em 1958. A Rádio Nacional tornou-se a rádio oficial do governo brasileiro durante o mandato presidencial de Getúlio Vargas.

Era muito comum na época as pessoas se reunirem com a família e os amigos para ouvir seu programa favorito pelo rádio.

Torcedores acompanham pelo rádio, na cidade do Rio de Janeiro, a conquista do título mundial pela seleção brasileira de futebol na Copa do Mundo de 1958.

1 Leia o depoimento de Bethina Fróes, de 70 anos.

> Eu e os meus irmãos mais velhos (que tinham entre 7 e 10 anos na década de 1950) ouvíamos a radionovela **Lírios que nascem no lodo**. Ficávamos acocorados bem pertinho, ouvindo atentos para não perder nenhum minuto. Eu me lembro de me sentir arrebatada pela história da mocinha e do mocinho que não é muito diferente das novelas de hoje em dia, só que eram bem mais curtas. Quando ficávamos de castigo, meu pai proibia de ouvir a novela. Era um sofrimento…
>
> Depoimento de Bethina Fróes, especialmente para esta obra.

a) Quem está narrando essa história?

b) Você tem o costume de ouvir rádio? Em caso afirmativo, dê um depoimento a um colega, contando qual é o programa de rádio que você mais ouve.

c) Organizem um programa de rádio e convidem os colegas da escola para assistir.
- Selecionem notícias, propagandas, piadas e músicas para serem transmitidas nesse programa de rádio. Montem um roteiro com a ajuda do professor.
- Usem a criatividade e selecionem músicas ou criem sons com objetos do cotidiano para ambientar a apresentação.

Conectando saberes

A Semana de Arte Moderna

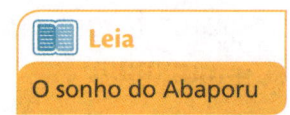

📖 **Leia**
O sonho do Abaporu

Nas primeiras décadas do século XX, o Brasil passou por grandes transformações. A imigração, o processo de industrialização, a urbanização das cidades, as novidades tecnológicas e os movimentos sociais trouxeram diversas mudanças para o país.

Nesse clima de entusiasmo e inovação, alguns intelectuais e artistas mobilizaram-se para criar formas mais atualizadas e representativas da diversidade que constitui a cultura brasileira.

Em 1922, um grupo formado por escritores, poetas, pintores, escultores, músicos e arquitetos se reuniu no Teatro Municipal de São Paulo para um evento que revolucionou as artes e agitou o cotidiano da cidade: a **Semana de Arte Moderna**. Esse evento mudou a maneira de fazer arte e marcou o surgimento do Modernismo brasileiro.

Abaporu, de Tarsila do Amaral, 1928 (óleo sobre tela, de 85 cm × 73 cm). **Abaporu** tornou-se o símbolo do Movimento Modernista no Brasil. Apesar de não ter participado da Semana de Arte Moderna, a artista foi uma das principais representantes desse movimento.

1. Leia o comentário da professora Marília Cardoso.

> O objetivo dos artistas da Semana era introduzir um conceito renovador de arte, tanto para os autores quanto para o público, convidando as pessoas a apreciarem uma literatura que desobedece a gramática, uma pintura que não imita a natureza, uma música que rompe com a harmonia e assim por diante.
>
> TURINO, Fernanda. Um ano moderno. **Ciência Hoje das Crianças**. Disponível em: <http://chc.cienciahoje.uol.com.br/um-ano-moderno/>. Acesso em: maio de 2018.

- Na sua opinião, a obra **Abaporu** se enquadra nas características do Movimento Modernista? Explique.

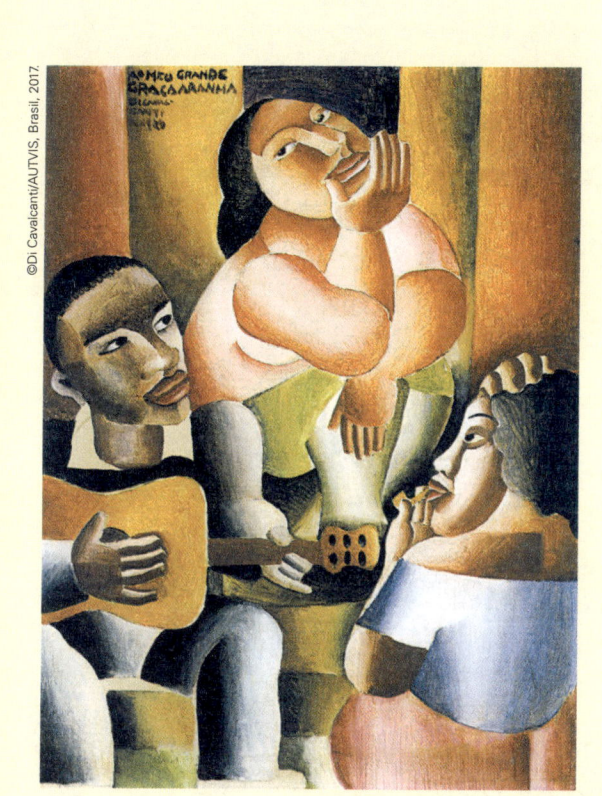

Samba, de Emiliano Di Cavalcanti, 1928 (óleo sobre tela, de 1,76 m × 1,55 m). A obra tem um tema bem brasileiro e mostra o rompimento com a representação tradicional da realidade.

Página da **Revista de Antropofagia**, ano I, maio de 1928.

Partitura de 1930 de Heitor Villa-Lobos, um dos músicos que participaram da Semana de Arte Moderna.

2 A obra do artista Di Cavalcanti aborda uma temática brasileira? Por quê?

....

....

....

3 A arte tem várias categorias: música, dança, pintura, escultura, teatro, literatura, cinema e fotografia.

a) Imaginem que vocês são os protagonistas de uma Semana de Arte de 2022. Escolham uma dessas categorias e criem uma obra de acordo com ela.

b) Combinem uma data para a apresentação dos trabalhos.

111

Vamos retomar

1) Observe a fotografia e responda às questões.

   a) Quem aparece trabalhando nas máquinas dessa indústria?

   b) Quais eram as condições de trabalho das operárias nessa época?

   c) De que forma as mulheres começaram a lutar por melhores condições de trabalho?

   Interior da seção de malharia de uma grande indústria em São Paulo, São Paulo. Foto de 1920.

2) Copie o quadro no caderno e preencha-o com as informações do maior movimento operário ocorrido no início do século XX.

Nome do movimento	
Quem participou	
Onde se iniciou	
Principais reivindicações	
Resposta dos governantes	
Resultados do movimento	

3) Assinale as atividades que faziam parte do lazer dos operários na primeira metade do século XX.

☐ Assistir a jogos de futebol.   ☐ Brincar o Carnaval.

☐ Jogar *videogame*.   ☐ Passear no *shopping*.

☐ Ir ao cinema.   ☐ Ouvir programas de rádio.

UNIDADE 6

Autoavaliação

Terminamos a unidade 6! Leia as frases abaixo e faça um **X** no desenho que melhor expressa sua opinião sobre cada uma delas.

	😃	🤔	😕
1. Entendi como se iniciou a luta dos trabalhadores por direitos políticos e sociais e como foram criadas as organizações de trabalhadores no início do século XX no Brasil.			
2. Reconheço o valor da luta das mulheres para a conquista de direitos.			
3. Conheci alguns direitos trabalhistas de homens e mulheres.			
4. Compreendi o significado e a importância do direito ao lazer.			
5. Compreendi a importância do rádio no Brasil entre as décadas de 1930 e 1950.			
6. Sei associar a Semana de Arte Moderna ao contexto de mudanças ocorridas no Brasil no início do século XX.			

Sugestão

📖 Para ler

- **O sonho do Abaporu**, de Marcelo Cipis, Caramelo.

  Nesse livro, escrito pelo artista plástico Marcelo Cipis, o Abaporu, símbolo da cultura brasileira criado por Tarsila do Amaral em 1928, ganha vida fora da moldura do quadro e conduz o leitor a um passeio pelo universo da arte contemporânea.

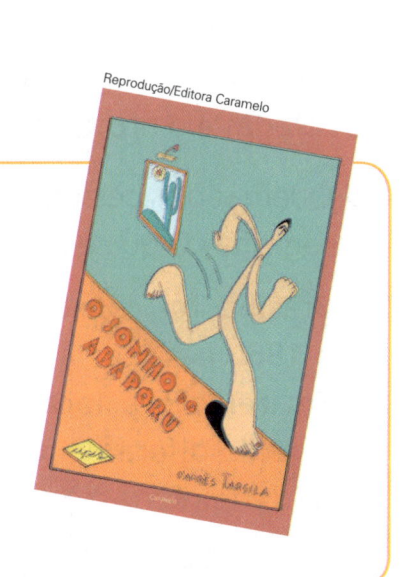

UNIDADE 7

O Brasil se moderniza

Nesta unidade você vai:

- Entender como ocorreu o crescimento da produção industrial do Brasil a partir da década de 1930.
- Contextualizar a construção de Brasília como parte do processo de modernização do Brasil.
- Compreender o processo de ocupação do interior do Brasil (o programa Marcha para o Oeste).
- Reconhecer as consequências da modernização para os povos indígenas e contextualizar a criação do Parque Indígena do Xingu.
- Conhecer os sistemas de monitoramento e controle do território amazônico.

Observe a fotografia e converse com os colegas e o professor.

1. Quem são as pessoas retratadas na fotografia? O que elas estão fazendo?

2. Brasília foi construída entre 1956 e 1960 para ser a capital do Brasil. Em relação à localização, em que Brasília difere de Salvador e do Rio de Janeiro?

Dia da inauguração de Brasília, fotografia de Thomaz Farkas produzida em 21 de abril de 1960. Na imagem, pessoas caminham sobre a laje de cobertura do palácio do Congresso Nacional. A nova capital do Brasil foi construída para ser um símbolo de modernidade e progresso.

Cidades e indústrias

> Na sua opinião, que mudanças o Estado brasileiro efetuou para tornar o Brasil um país industrializado e urbano?

Hoje, o Brasil é um país industrializado, que atua em vários setores econômicos importantes. Segundo um estudo realizado pelo Fundo Monetário Internacional (FMI), em 2017 o país estava entre as maiores economias do mundo, ocupando a oitava posição. Naquele ano, segundo uma pesquisa realizada pelo Instituto Brasileiro de Geografia e Estatística (IBGE), a população brasileira chegou a quase 208 milhões de habitantes. A maioria desses habitantes (quase 85%) vive em cidades.

Mas nem sempre foi assim. Até a década de 1960, a maior parte da população brasileira vivia no meio rural, a agricultura ainda era o setor econômico mais importante do país e as grandes cidades começavam a se desenvolver.

Havia muitos contrastes entre a cidade e o campo, assim como entre as diversas regiões do país. A maioria da população rural vivia em habitações precárias e não contava com nenhuma assistência do Estado. Por causa da pobreza no campo, todo ano milhares de pessoas se deslocavam do meio rural para grandes cidades, como São Paulo e Rio de Janeiro, em busca de uma vida melhor. Entre 1930 e 1960, cerca de 20 milhões de pessoas migraram do campo para a cidade.

Moradia feita de sacos de tecido nos arredores do Rio de Janeiro, em fotografia de Marcel Gautherot produzida em cerca de 1959. Habitações sem infraestrutura básica para o bem-estar das pessoas ainda são muito comuns nas áreas mais pobres do Brasil e nas periferias das grandes cidades.

O que atraía as pessoas para as cidades?

No ambiente urbano, essas pessoas tinham a perspectiva de obter empregos melhores, de habitar moradias com água encanada e luz elétrica e de conseguir escola para os filhos. No entanto, nem sempre o sonho de uma vida melhor se tornava realidade nas cidades.

1 No Carnaval de 2011, a escola de samba paulista Acadêmicos do Tucuruvi homenageou a migração nordestina para São Paulo. Leia a seguir um trecho do samba e faça o que se pede.

> Sou cabra da peste, vim lá do Nordeste
> São Paulo é minha capital
> Levando alegria, eu vou por aí
> Eu sou valente, sou Tucuruvi
>
> Vou embarcar nessa aventura
> Em busca de um lugar ao sol
> Trago no peito desafio e esperança
> Na bagagem a lembrança,
> Sonho ou realidade.
> Vou construindo ilusão,
> Erguendo os pilares da cidade,
> Deixando marcas da minha tradição [...]

VAGUINHO et al. – **Oxente, o que seria da gente sem essa gente? São Paulo: a capital do Nordeste**. G.R.C.S.E.S Acadêmicos do Tucuruvi. Samba-enredo 2011. Disponível em: <www.academicosdotucuruvi.com.br/carnaval2011.html>. Acesso em: maio de 2018.

Desfile da escola de samba Acadêmicos do Tucuruvi em São Paulo, no estado de São Paulo. Foto de 2011.

a) Sublinhe os versos em que o autor se refere à busca por uma vida melhor.

b) Leia este verso do samba:

> Trago no peito desafio e esperança.

- Quais eram as esperanças das pessoas que migravam do campo para a cidade?

Novas indústrias

A produção industrial no Brasil cresceu significativamente a partir dos anos 1930. O Estado, chefiado por Getúlio Vargas, passou a investir principalmente na produção de minérios como ferro e aço, na construção de estradas e ferrovias e na extração de petróleo. Na década de 1960, o presidente da República, Juscelino Kubitschek (JK), lançou o chamado **Plano de Metas**, que visava acelerar esse processo de industrialização e modernização do país. Com isso, surgiram novas indústrias, que fabricavam bens de consumo imediato e bens de consumo durável, e que exigiam elevados investimentos, tecnologia, equipamentos modernos e trabalhadores qualificados.

A indústria da borracha na Amazônia

Parte dos trabalhadores que deixavam o campo migrou para trabalhar na extração de borracha na região da Amazônia. O látex extraído das seringueiras servia de matéria-prima para a fabricação de pneus e outros acessórios de borracha utilizados nos automóveis.

As condições de trabalho e habitação nos seringais eram duras e precárias. Muitos trabalhadores morreram de doenças da floresta, como a malária e a febre amarela.

Corte de seringueira para extração do látex, em Belterra no Pará. Foto de 2017.

1. Observe um cartaz que informa as porcentagens de ganho prometidas aos trabalhadores da região amazônica na década de 1940.

   a) Quais eram os ganhos prometidos aos trabalhadores da borracha?

   b) As possibilidades de ganho prometidas eram atraentes? Por quê?

Cartaz elaborado pelo artista suíço Jean-Pierre Chabloz, em 1943, para a campanha do Serviço Especial de Mobilização de Trabalhadores para a Amazônia.

A construção de Brasília

Em 1955, o governo começou a construção da nova capital do país: Brasília. A transferência da capital da república do Rio de Janeiro para o Planalto Central já estava prevista desde a primeira Constituição republicana, em 1891, mas a ideia foi esquecida e só retomada na Constituição de 1946.

Brasília foi construída para ser símbolo da modernização do Brasil, contribuir com o desenvolvimento do interior do território e integrar as regiões. Com isso, pretendia-se gerar novos empregos e deslocar parte da população para o interior, ainda pouco povoado.

> **Acesse**
> Instituto Durango Duarte.
> Acervo: Construção de Brasília.

A modelo estadunidense Beverly Johnson posa em uma praça de Brasília. A nova capital foi construída para transmitir uma nova imagem do Brasil. Foto de 1973.

1 Leia o depoimento de Gustavo Alberto de Bouchardet da Fonseca, nascido em 1956, sobre a construção de Brasília. Depois, responda às questões.

> [...] Nasci em Belo Horizonte, e logo minha família se mudou para uma cidade que não tinha nascido ainda: Brasília. Meu pai foi trabalhar no hospital da Cidade Livre, e eu cresci nos acampamentos dos construtores da nova capital: virei brasiliense! [...]
>
> Eu me lembro também que a gente comprava querosene para colocar nos lampiões e lamparinas. Pois é, Brasília não tinha luz elétrica ligada às casas, nem dos "**candangos**" nem dos doutores. E todo mundo morava meio junto, uma mistura de gente do Brasil inteiro! [...]
>
> SANTOS, José dos. **Crianças do Brasil:** suas histórias, seus brinquedos e seus sonhos. São Paulo: Peirópolis/Museu da Pessoa, 2008. p. 61.

candango: nome dado aos trabalhadores que migraram para trabalhar na construção de Brasília.

a) Por que Gustavo se refere a Brasília como a cidade que ainda não tinha nascido?

b) Na sua opinião, por que muitos candangos, assim como a família de Gustavo, permaneceram em Brasília após o término da construção?

Fazendo História!

Brasília: uma cidade planejada

Nos anos 1950, o Estado brasileiro buscava superar o passado colonial e se modernizar investindo no futuro. Como vimos, a construção da nova capital federal e sua mudança para o Planalto Central expressavam esse desejo do moderno e do novo.

Brasília foi projetada pelos arquitetos Lúcio Costa e Oscar Niemeyer e construída durante o governo JK. Ela foi inaugurada em 21 de abril de 1960, quando tornou-se oficialmente a terceira capital do Brasil, depois de Salvador e Rio de Janeiro.

A cidade cresceu mais do que o esperado, como comenta o texto a seguir:

> [...] do papel à realidade, muita coisa mudou. [...] a cidade foi pensada para reunir, no máximo, 600 mil habitantes [...]. O grande número de migrantes, atraídos pela promessa de muitas ofertas de empregos e uma vida melhor, provocou um movimento de exclusão socioespacial, que acabou por marcar Brasília, tal como ocorre em outros espaços urbanos. [...]
>
> Os efeitos provocados por 2,5 milhões de pessoas que residem em Brasília atualmente também precisam ser enfocados [...]. Definitivamente, a cidade escapou do modelo de urbanismo inicial e o que se vê num passeio pelas ruas é a repetição de alguns dos problemas que afligem outras localidades: centro lotado, trânsito pesado etc.
>
> TREVISAN, Rita. Projeto Brasília. **Nova Escola**. Disponível em: <https://novaescola.org.br/conteudo/2438/projeto-brasilia>. Acesso em: janeiro de 2018.

Hoje, Brasília é admirada internacionalmente e reconhecida como patrimônio da humanidade pela Unesco.

Vista aérea da cidade de Brasília. Foto de 2016.

1 Observe as imagens e responda às questões.

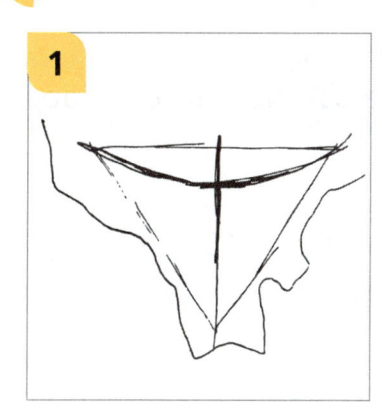

1

2

Acima, um croqui (esboço feito à mão de um projeto arquitetônico) e, ao lado, a planta do plano-piloto da cidade de Brasília, planejada pelo urbanista e arquiteto Lúcio Costa. O famoso arquiteto Oscar Niemeyer também teve papel de destaque na construção de Brasília, pois projetou os principais edifícios públicos da nova capital.

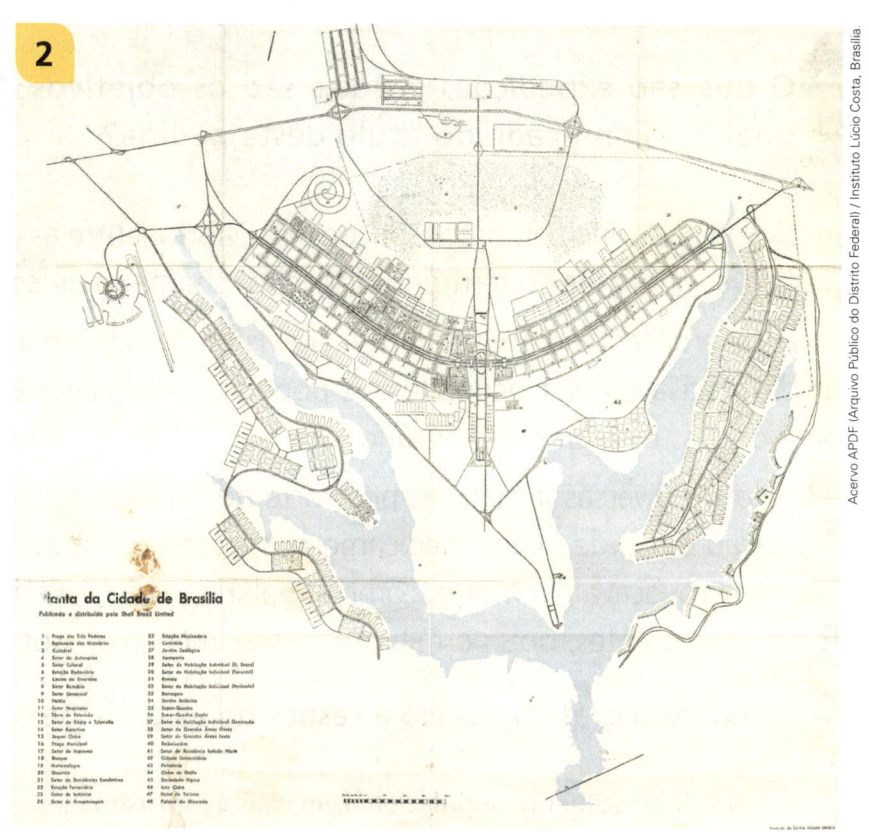

a) Compare as duas imagens. Com base na observação do plano de construção da cidade de Brasília, com o que ela se parece?

_____

_____

b) De acordo com o texto da página ao lado, podemos dizer que a cidade de Brasília obedece rigorosamente a esse plano original? Explique.

2 Imagine que você é um arquiteto e foi escolhido para planejar uma cidade do futuro. Como você faria essa cidade? Reúna-se em grupo para desenvolver esse projeto.

a) Escolham uma forma para o plano-piloto e organizem a cidade, estabelecendo os locais das áreas residenciais, comerciais e administrativas (públicas) dessa cidade. Definam também onde haverá parques, praças e outros locais de convivência entre as pessoas. Usem a imaginação!

b) Ao final, montem uma maquete ou façam um desenho que expresse o projeto final.

A conquista do sertão

> O que são expedições e quais são os objetivos delas? Na sua opinião, qual é o significado do título desta página?

Uma das principais preocupações do Estado, entre as décadas de 1930 e 1960, foi desbravar o interior do território brasileiro, chamado de **sertão**.

Até a década de 1930, o Brasil era visto como um país com muitos territórios que ainda precisavam ser ocupados. A população brasileira era considerada insuficiente para povoar esse grande território.

Houve diversas iniciativas, por parte do Estado, de campanhas de vacinação, dedetização e uso de novos medicamentos, como os antibióticos, para combater doenças que provocavam a morte, como a malária, o tifo e a febre amarela. Essas iniciativas foram importantes, pois permitiram o crescimento da população brasileira.

1 Analise o gráfico abaixo e responda às questões.

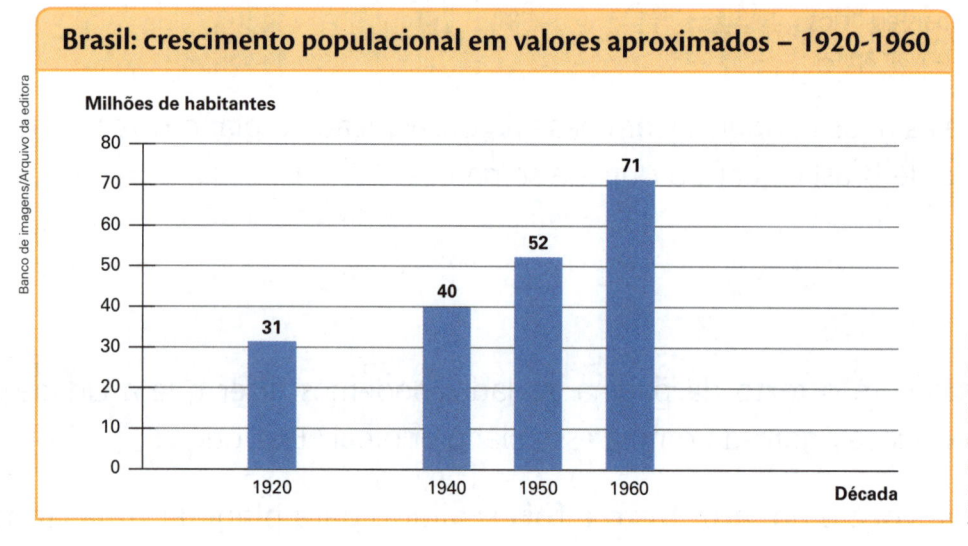

Brasil: crescimento populacional em valores aproximados – 1920-1960

Milhões de habitantes

- 1920: 31
- 1940: 40
- 1950: 52
- 1960: 71

Década

IBGE. A população cresce. Disponível em: <http://vamoscontar.ibge.gov.br/atividades/ensino-fundamental-6-ao-9/45-a-populacao-cresce>. Acesso em: janeiro de 2018.

a) O que ocorreu com a população brasileira entre 1920 e 1960?

....

b) Que medidas tomadas pelas autoridades brasileiras no período favoreceram o crescimento da população?

....

....

122 UNIDADE 7

A expedição Roncador-Xingu

Leia
Histórias do Xingu

Na década de 1940, o governo federal iniciou um programa denominado **Marcha para o Oeste**, cujo objetivo era ocupar e colonizar a região Centro-Oeste do Brasil e a Amazônia, até então praticamente inexploradas.

Brasil: expedição Roncador-Xingu

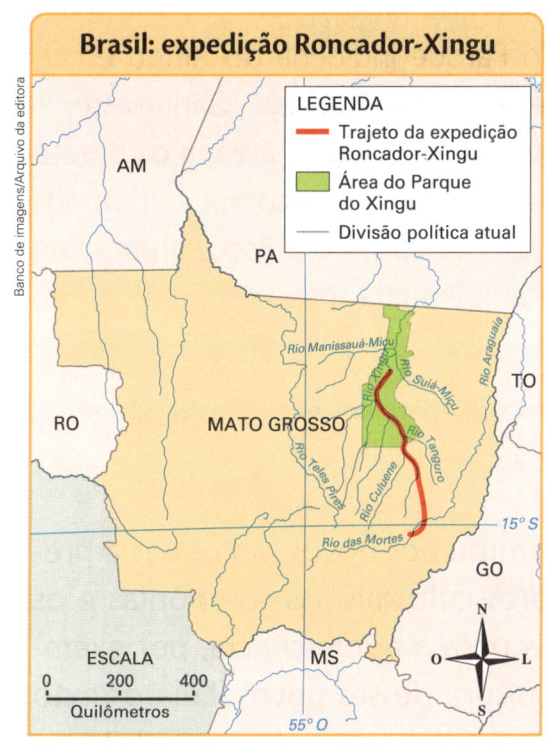

LEGENDA
- Trajeto da expedição Roncador-Xingu
- Área do Parque do Xingu
- Divisão política atual

Mapa elaborado pelos autores em 2017 com dados de: IBGE. **Atlas geográfico escolar**. Rio de Janeiro, 2007.

Em 1943, iniciou-se a expedição Roncador-Xingu, que visava abrir estradas, cidades e campos de pouso para aviões, além de incentivar a vinda de colonos para povoar e explorar economicamente essas regiões. No entanto, essas áreas eram habitadas por diversos povos indígenas que nunca haviam feito contato com os não indígenas. Por isso, até 1960, essa expedição foi chefiada pelos irmãos Cláudio, Orlando e Leonardo Villas Bôas, três sertanistas que defenderam os direitos e os territórios dos povos indígenas.

No total, a expedição Roncador-Xingu abriu 1 500 km de picadas na mata, fundou 43 vilas e cidades, construiu 19 campos de pouso e estabeleceu contato pacífico com 5 mil indígenas.

Os irmãos Villas Bôas exerceram um papel muito importante na proteção à vida e à cultura dos indígenas e tiveram uma participação relevante na fundação do Parque Indígena do Xingu. Ao lado, os irmãos Villas Bôas hasteiam a bandeira nacional ao lado de indígenas na serra do Roncador, em Goiás. Foto de 1944.

A criação do Parque Indígena do Xingu

A Marcha para o Oeste e as atividades econômicas que se desenvolviam na região ameaçavam o modo de vida dos indígenas. Para preservar sua cultura, seus costumes e suas tradições, foi criado o Parque Indígena do Xingu, em 1961, com a participação dos irmãos Villas Bôas.

Atualmente o Parque Indígena do Xingu é cercado por pastos e plantações de soja. Garimpeiros e madeireiros vêm tentando invadir a área, e o contato dos povos indígenas que ali vivem com a cultura dos não indígenas se intensificou. Com isso, há uma luta pela preservação ambiental e pela manutenção da cultura indígena.

Ritual do Kuarup realizado pelo povo Waurá no Parque Indígena do Xingu, em Mato Grosso. Foto de 2016.

1 A criação do Parque Indígena do Xingu permitiu aos povos indígenas a preservação de sua identidade e de seus valores culturais. As cerimônias e os rituais que marcam a passagem da infância para a adolescência, por exemplo, são uma tradição ainda presente na cultura desses povos. Leia o texto abaixo, que trata dos rituais de iniciação do povo Kamaiurá, que habita no Parque Indígena do Xingu. Em seguida, responda às questões.

> A formação da pessoa Kamaiurá implica um período de reclusão na puberdade. No caso dos homens, passam a receber sistematicamente ensinamentos sobre as técnicas de trabalho masculino. O jovem aprende como costurar a pena na flecha, fazer pente, trançar cesta e fazer cocar. Paralelamente, é treinado regularmente na luta de *huka-huka*. [...]
>
> Já a jovem entra em reclusão por ocasião de sua primeira menstruação, quando ela aprende a fazer esteira, tecer rede e a executar tarefas femininas no preparo dos alimentos. Sua reclusão não dura mais do que um ano, período no qual ela não corta os cabelos [...]. Ao sair, com um novo nome, é considerada adulta e pronta para o casamento.
>
> INSTITUTO SOCIOAMBIENTAL. Povos Indígenas no Brasil. Kamaiurá. Disponível em: <https://pib.socioambiental.org/pt/povo/kamaiura/309>. Acesso em: janeiro de 2018.

a) Na tradição do povo Kamaiurá, de que forma é marcada a passagem para a adolescência na vida de meninos e de meninas? Explique com suas palavras.

b) Em sua família, também existem festas ou cerimônias que marcam momentos importantes na vida das pessoas? Dê exemplos.

Vamos falar sobre...

Comunidades tradicionais

A população que vive da Floresta Amazônica é formada por indígenas, comunidades quilombolas e povos **ribeirinhos**, que têm um papel muito importante na sua preservação e na manutenção de seus recursos.

ribeirinho: população que vive à margem dos rios.

Essas comunidades são chamadas comunidades tradicionais, pois preservam rituais religiosos, costumes e conhecimentos que passaram de geração em geração. As pessoas que nelas vivem fazem uso dos recursos da floresta e muitas trabalham no setor extrativista, como os castanheiros e os seringueiros, entre outros. O modo de vida das comunidades tradicionais não agride o meio ambiente, e seus conhecimentos sobre plantas e ervas da floresta são fundamentais para o desenvolvimento de novos medicamentos e terapias.

Porém, o modo de vida dessas comunidades está ameaçado por algumas empresas e conflitos de terra.

A valorização dos povos da floresta e a preservação de suas tradições e de seu modo de vida são uma questão de cidadania e dever de todos os brasileiros.

Procissão da festa de São Benedito e São Sebastião, uma comemoração tradicional entre os ribeirinhos de Conceição da Barra, no Espírito Santo. Foto de 2015.

Homem indígena ensinando criança a pescar. Aldeia wauiá, no Parque Indígena do Xingu. Foto de 2013.

- Como as comunidades tradicionais ajudam a conhecer e a preservar a floresta? Que fatores ameaçam seu modo de vida?

Conectando saberes

Vigiando a Amazônia

A Amazônia abriga grande parte das riquezas naturais do nosso planeta: espécies animais e vegetais diversificadas e imensos recursos hídricos e minerais. Além disso, mais da metade da população indígena do país vive na Amazônia.

Por esses motivos, o governo brasileiro monitora a área conhecida como **Amazônia Legal** por meio de aviões, satélites e radares a fim de detectar atividades ilegais e danosas ao meio ambiente e às populações locais.

Brasil: vigilância da Amazônia Legal

LEGENDA
- Amazônia Legal
- Centros regionais de controle de informação
- Radares fixos

Mapa elaborado pelos autores. Fonte: BRASIL. Ministério da Defesa. Censipam. Disponível em: <sipam.gov.br>. Acesso em: abril de 2018.

Aeronaves buscam identificar atividades ilegais, como o **garimpo clandestino**, que gera desmatamento e contamina rios e peixes com produtos tóxicos, além de colocar em risco o próprio garimpeiro.

30 mil espécies de plantas
As plantas da Amazônia são importantes não só para a própria floresta e seus habitantes, mas também para a ciência e para a criação de remédios.

A Amazônia detém 80% das águas superficiais do Brasil (aquela contida em rios, lagos e lagoas).

UNIDADE 7

1 Com base nas informações apresentadas, responda às questões no caderno.

a) Como você viu, existe uma preocupação em proteger a Amazônia. Por quê?

b) Como é feito o monitoramento da Amazônia Legal?

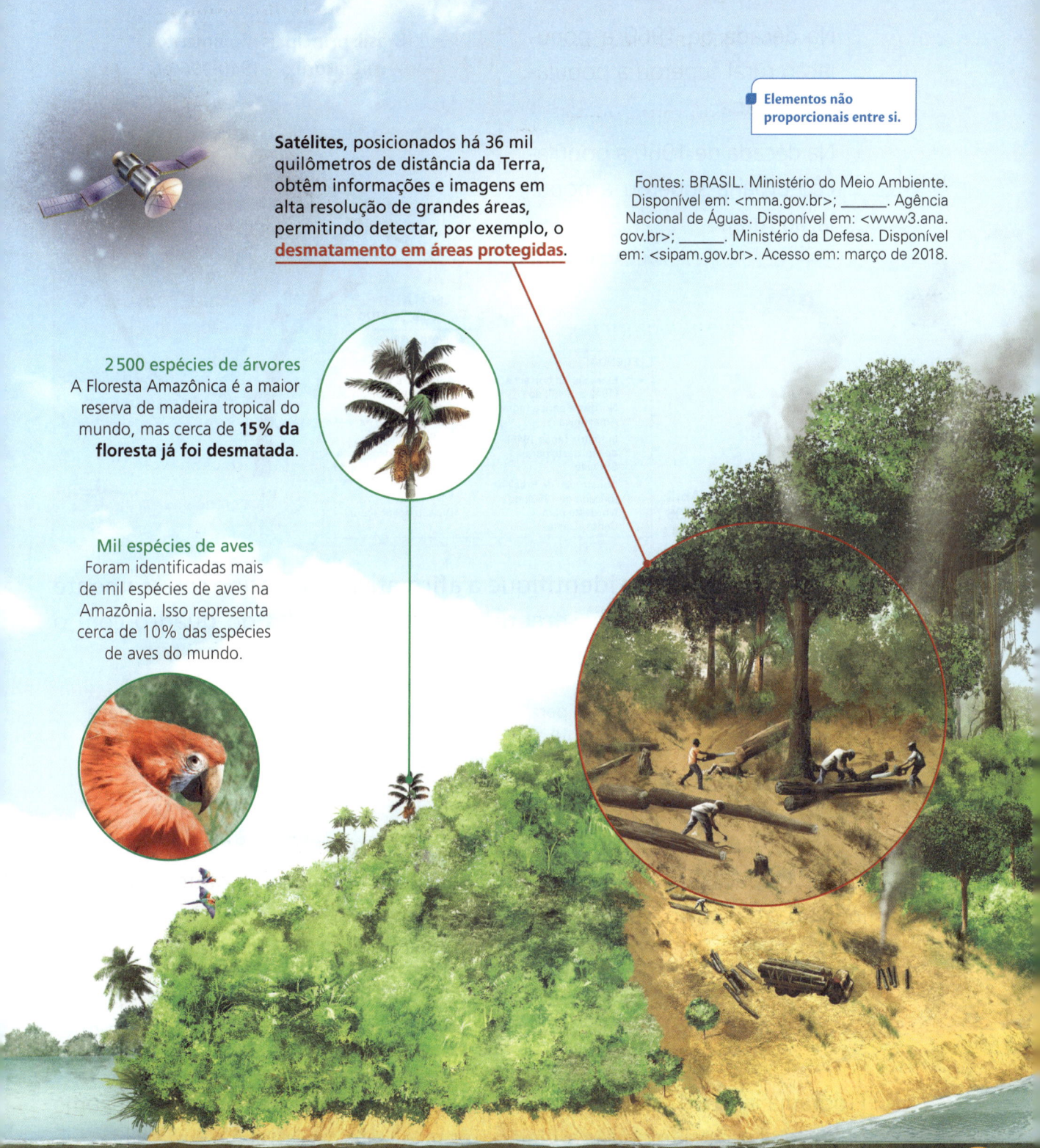

■ Elementos não proporcionais entre si.

Satélites, posicionados há 36 mil quilômetros de distância da Terra, obtêm informações e imagens em alta resolução de grandes áreas, permitindo detectar, por exemplo, o **desmatamento em áreas protegidas**.

Fontes: BRASIL. Ministério do Meio Ambiente. Disponível em: <mma.gov.br>; _____. Agência Nacional de Águas. Disponível em: <www3.ana.gov.br>; _____. Ministério da Defesa. Disponível em: <sipam.gov.br>. Acesso em: março de 2018.

2 500 espécies de árvores
A Floresta Amazônica é a maior reserva de madeira tropical do mundo, mas cerca de **15% da floresta já foi desmatada**.

Mil espécies de aves
Foram identificadas mais de mil espécies de aves na Amazônia. Isso representa cerca de 10% das espécies de aves do mundo.

Vamos retomar

1 Observe o mapa abaixo e assinale a frase que informa o resultado desses movimentos migratórios na distribuição da população brasileira.

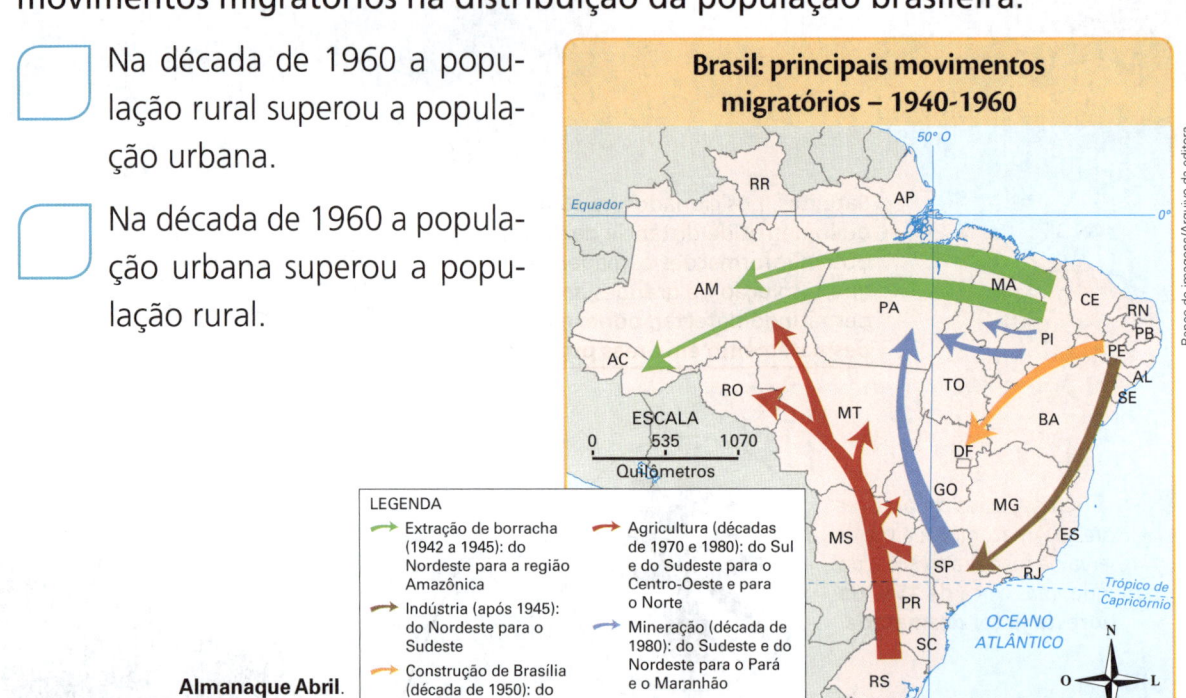

☐ Na década de 1960 a população rural superou a população urbana.

☐ Na década de 1960 a população urbana superou a população rural.

Brasil: principais movimentos migratórios – 1940-1960

LEGENDA
- → Extração de borracha (1942 a 1945): do Nordeste para a região Amazônica
- → Indústria (após 1945): do Nordeste para o Sudeste
- → Construção de Brasília (década de 1950): do Nordeste para o Centro-Oeste
- → Agricultura (décadas de 1970 e 1980): do Sul e do Sudeste para o Centro-Oeste e para o Norte
- → Mineração (década de 1980): do Sudeste e do Nordeste para o Pará e o Maranhão
- — Divisão política atual

Almanaque Abril. São Paulo: Abril, 1996. p. 587.

2 Leia os itens do quadro e identifique a afirmativa que define corretamente cada um deles. Em seguida, preencha a segunda linha do quadro com o número correspondente a cada afirmativa.

Plano de Metas	Marcha para o Oeste	Expedição Roncador-Xingu	Parque Indígena do Xingu

1. Missão organizada em 1943 e chefiada pelos irmãos Villas Bôas para abrir estradas, cidades e campos de pouso de aviões e para fazer contato com povos indígenas da região Centro-Oeste do Brasil e da Amazônia.
2. Programa lançado em 1960, pelo presidente Juscelino Kubitschek, que visava acelerar o processo de industrialização e modernização do Brasil.
3. Criado em 1961, no Mato Grosso, é uma reserva demarcada que abriga diferentes etnias indígenas.
4. Programa lançado pelo governo federal, na década de 1940, que tinha como objetivo ocupar e colonizar a região Centro-Oeste do Brasil e a Amazônia.

UNIDADE 7

Autoavaliação

Terminamos a unidade 7! Leia as frases abaixo e faça um **X** no desenho que melhor expressa sua opinião sobre cada uma delas.

	😄	🤔	😐
1. Entendi como ocorreu o crescimento da produção industrial do Brasil a partir da década de 1930.			
2. Sei contextualizar a construção de Brasília como parte do processo de modernização do Brasil.			
3. Compreendi o processo de ocupação do interior do Brasil (o programa Marcha para o Oeste).			
4. Reconheço as consequências da modernização para os povos indígenas e sei contextualizar a criação do Parque Indígena do Xingu.			
5. Conheci os sistemas de monitoramento e controle do território amazônico.			

Sugestões

📖 Para ler

- **Histórias do Xingu**, de Cláudio Villas Bôas e Orlando Villas Bôas, Companhia das Letrinhas.

  A obra apresenta contos que tratam do imaginário, dos costumes e das crenças dos indígenas do Xingu.

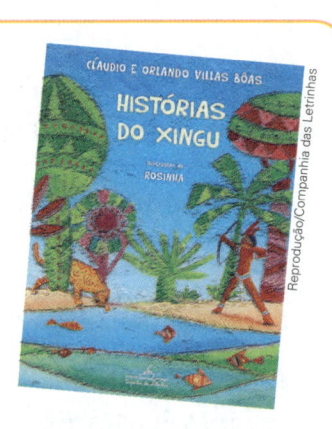

🖱 Para acessar

- **Instituto Durango Duarte. Acervo: Construção de Brasília**. Disponível em: <http://idd.org.br/acervo-digital/iconografia/painel-historico/construcao-de-brasilia>. Acesso em: janeiro de 2018.

  O *site* traz um acervo de fotografias que retratam a construção e a inauguração de Brasília.

UNIDADE

8
A ditadura militar e a volta da democracia

Nesta unidade você vai:

- Entender a diferença entre democracia e autoritarismo.
- Entender o contexto do golpe de 1964.
- Conhecer as principais características do período da ditadura militar no Brasil.
- Reconhecer a importância dos movimentos de resistência à ditadura militar no Brasil.
- Compreender o processo de abertura política e redemocratização do Brasil.

Observe a fotografia e converse com os colegas e o professor.

1. O que a fotografia mostra?

2. Qual é a atitude das pessoas diante do fato retratado na fotografia?

3. Quais direitos e liberdades temos quando vivemos em uma democracia? Cite e comente ao menos três deles.

4. Você conhece países que não possuem regime democrático? Em caso afirmativo, cite exemplos.

Tanque invade o Parque Guinle, no Rio de Janeiro, no estado do Rio de Janeiro, em 1º de abril de 1964. Nesse dia, os militares tomaram o poder no Brasil. Isso representou o fim da democracia e o início de um período de repressão e censura no país.

Democracia e autoritarismo

> Por que só em uma democracia as pessoas podem adquirir cidadania e direitos?

A democracia é uma forma de governo que procura garantir os direitos e as liberdades dos cidadãos. Essa forma de governo pode ser definida como "o governo do povo, pelo povo e para o povo". É na democracia que a população pode se expressar, se organizar e participar do governo. Veja alguns exemplos de direitos garantidos pela democracia:

- direito a um julgamento justo e a não ser punido ou condenado sem razão;
- direito de reunir-se, organizar-se e protestar contra injustiças;
- direito a um trabalho digno, à educação e à saúde;
- direito à liberdade de expressão do pensamento.

Nem sempre todos esses direitos são garantidos pelo Estado. Há países em que a sociedade precisou se organizar para conquistá-los. Em outros países, a democracia ainda precisa ser aperfeiçoada.

O contrário da democracia é o **autoritarismo**, uma forma de governo em que os direitos e as liberdades dos cidadãos não são garantidos. Em um governo autoritário, o Poder Executivo controla os outros poderes (Legislativo e Judiciário). Há censura, a sociedade é proibida de se organizar para reivindicar direitos e aqueles que discordam do governo são perseguidos. Nesta unidade, estudaremos um período em que o Brasil foi governado de maneira autoritária por civis e militares, entre os anos 1964 e 1985.

Os militares tomam o poder

Em 1964, ocorreu um golpe de Estado no Brasil. Um golpe de Estado acontece quando um governo legítimo, que já estava no poder, é derrubado por outro grupo. No caso dos acontecimentos de 1964, o golpe de Estado foi comandado por uma junta militar. Após o golpe, foi instituída uma **ditadura** no Brasil.

Entre 1961 e 1964, o Brasil foi governado pelo presidente João Goulart. Seu governo foi marcado pela instabilidade política e econômica. A inflação aumentava, ou seja, os preços das mercadorias subiam, e os trabalhadores passaram a fazer protestos e greves nas ruas das grandes cidades.

ditadura: governo em que não há participação popular. A ditadura é uma forma de autoritarismo.

Ao mesmo tempo, João Goulart lançou reformas para tentar reduzir as desigualdades sociais no país. Entre elas, estavam a distribuição de terras a trabalhadores pobres e o aumento de salários e de direitos trabalhistas. Alguns setores da sociedade, como grandes empresários, banqueiros, fazendeiros e parte da classe média, não concordavam com as reformas propostas por João Goulart. Essas reformas também desagradavam parte dos militares.

Em 31 de março de 1964, tropas do Exército, com o apoio de parte da sociedade, invadiram as ruas da capital e das principais cidades brasileiras. O presidente João Goulart deslocou-se para o Rio Grande do Sul, na tentativa de manter-se no poder. Porém, acabou sendo deposto no dia 2 de abril pelo Congresso Nacional. Em seguida, o governo federal foi assumido pelo Comando Revolucionário dos militares, concluindo o golpe de Estado. Com isso, o Brasil passou a ser governado por uma junta militar, que instituiu uma ditadura no país. Com o tempo, foram presas cerca de 50 mil pessoas que se opunham ao golpe, como políticos, estudantes e sindicalistas.

O governo militar no Brasil

Em 15 de abril de 1964, o general Humberto de Alencar Castelo Branco assumiu o governo. A partir de então, os militares centralizaram o poder político em suas mãos. Em 1967, foi imposta uma nova Constituição, que confirmou e **institucionalizou** o regime militar.

institucionalizar: tornar algo oficial, legitimar.

O período mais duro da ditadura foi de 1968 a 1974 e ficou conhecido como "anos de chumbo". Muitas pessoas que se opunham ao regime militar foram perseguidas, presas e torturadas. Diversas outras pessoas que também não concordavam com os atos do regime militar foram forçadas a abandonar o país.

Nos chamados "anos de chumbo", a repressão era violenta. Na foto de 1968, estudante é repreendido por policiais militares durante passeata realizada pelo movimento estudantil contra a ditadura, no Rio de Janeiro, no estado do Rio de Janeiro.

O modo de governar dos militares

Leia
A ditadura é assim

Os militares pretendiam transformar o Brasil em uma grande potência econômica. Por isso, abriram o país para os capitais estrangeiros e investiram em grandes projetos de infraestrutura, como a usina hidrelétrica de Itaipu e a rodovia Transamazônica. Essas medidas ficaram conhecidas como "milagre econômico".

Durante o governo dos militares, o Brasil teve períodos de crescimento e de crise. A produção industrial e as exportações cresceram durante o chamado "milagre econômico". Em contrapartida, essas medidas provocaram a diminuição dos salários, a perda de direitos dos cidadãos e o aumento da desigualdade social.

Como vimos, o governo militar perseguiu, prendeu e torturou as pessoas que se opunham a ele. O lema "desenvolvimento e segurança nacional" era usado pelo governo como justificativa para sua forma violenta de se manter no poder.

Além disso, o governo dos militares impôs duras medidas à população, que foram estabelecidas pelos **atos institucionais**. Um deles foi o chamado Ato Institucional n. 5 (AI-5), que entrou em vigor em dezembro de 1968. Por meio desse decreto, o Congresso Nacional foi fechado, diversos direitos da população foram suspensos, a censura foi ampliada e qualquer manifestação contrária ao regime ou considerada de natureza subversiva foi proibida.

ato institucional: decreto que estabelecia diversos poderes extraconstitucionais para o governo militar.

1) Observe, ao lado, uma propaganda do governo militar no Brasil. O povo, descontente com a política, completava essa propaganda com a frase: "O último a sair apague a luz".

Cartaz com o lema do governo do general Emílio Garrastazu Médici (1969-1974).

a) Que mensagem o governo dos militares pretendia transmitir com essa propaganda?

....

....

....

b) Qual é o significado da frase criada pelo povo?

....

....

UNIDADE 8

2. Leia este trecho do poema "Nosso tempo", de Carlos Drummond de Andrade.

> [...] É tempo de meio silêncio,
> de boca gelada e murmúrio,
> palavra indireta, aviso
> na esquina. Tempo de cinco sentidos
> num só. O espião janta conosco. [...]
>
> ANDRADE, Carlos Drummond de. **Antologia poética**. Rio de Janeiro: Record, 2005. p. 161-167.

- Qual é o alerta feito pelo poeta nesse trecho do poema?

3. Observe a foto, que mostra dois artistas em uma manifestação de natureza política.

- Durante boa parte da ditadura militar houve intensa censura aos meios de comunicação. Explique esse fato com base nas informações da foto e da legenda.

Chico Buarque (no centro), músico e escritor brasileiro, e Arduino Colassanti, artista italiano radicado no Brasil, participam da Passeata dos Cem Mil, uma manifestação da população, realizada no Rio de Janeiro em 1968, contra a violência e a censura do governo militar.

4. Observe a manchete de jornal e faça o que se pede.

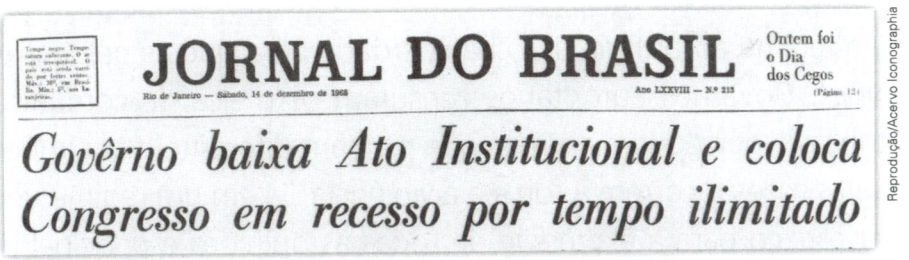

JORNAL DO BRASIL
Govêrno baixa Ato Institucional e coloca Congresso em recesso por tempo ilimitado

Detalhe da capa do **Jornal do Brasil**, de 14 de dezembro de 1968, anunciando o AI-5 e o fechamento do Congresso Nacional.

a) Essa manchete anuncia uma atitude democrática ou autoritária por parte do governo? Justifique sua resposta.

b) Em uma folha à parte, escreva um parágrafo sobre o que faz e quem compõe o Congresso Nacional. Depois, compartilhe seu texto com os colegas.

A resistência ao regime militar

Os movimentos de resistência e reivindicação da sociedade civil existiram durante todo o período do regime militar no Brasil. Esses movimentos se alimentaram da fragilidade da economia após o período de crescimento ocorrido entre 1969 e 1973.

Uma das formas de resistência e de exercício da cidadania foi a cultura. Apesar da repressão, o país vivia um momento de enorme efervescência cultural. Com muita criatividade, artistas tentavam driblar a censura e faziam protestos em peças de teatro, letras de música e filmes.

Manifestação estudantil em São Paulo, no estado de São Paulo. Foto de 1977.

Capa do disco **Tropicália ou panis et circencis**, uma obra de 1968 que rompeu com os padrões musicais do período.

Vamos falar sobre...

Respeito à opinião do outro

Em um regime autoritário, não há liberdade para que as pessoas expressem suas opiniões. Governos autoritários censuram os meios de comunicação, não toleram críticas e perseguem aqueles que pensam diferente. Para impor suas decisões, muitas vezes recorrem à força e à violência. Já em um regime democrático deve haver espaço para a expressão de todas as opiniões e principalmente para as críticas, que ajudam o governo a aperfeiçoar políticas, leis e instituições, permitindo que a sociedade participe das decisões governamentais.

A sociedade é formada por diversos grupos sociais, cada um deles com sua própria perspectiva sobre a realidade. Para que a sociedade melhore, é importante que as pessoas dialoguem entre si e debatam seus pontos de vista.

- Na sua opinião, por que é importante ouvir e compreender as opiniões e os pontos de vista dos outros? Como o diálogo entre posições divergentes ajuda a melhorar a sociedade?

1. Leia a letra da música escrita por Vinicius de Moraes e musicada por Carlos Lyra, no início do período do regime militar. Depois, faça o que se pede.

Marcha da quarta-feira de cinzas

Acabou nosso carnaval
Ninguém ouve cantar canções
Ninguém passa mais brincando feliz
E nos corações
Saudades e cinzas foi o que restou

Pelas ruas o que se vê
É uma gente que nem se vê
Que nem se sorri
Se beija e se abraça
E sai caminhando
Dançando e cantando cantigas de amor

E no entanto é preciso cantar
Mais que nunca é preciso cantar
É preciso cantar e alegrar a cidade

A tristeza que a gente tem
Qualquer dia vai se acabar
Todos vão sorrir
Voltou a esperança
É o povo que dança
Contente da vida, feliz a cantar

Porque são tantas coisas azuis
E há tão grandes promessas de luz
Tanto amor para amar de que a gente nem sabe

Quem me dera viver pra ver
E brincar outros carnavais
Que marchas tão lindas
E o povo cantando seu canto de paz

MORAES, Vinicius de; LYRA, Carlos. Marcha da quarta-feira de cinzas. Intérpretes: Vinicius de Moraes, Carlos Lyra e Suzana de Moraes. Em: **Poesia e Canção**. [S.l.]: Forma, 1966. LP 1. Faixa 5.

a) O autor da canção, Vinicius de Moraes, compara o fim da democracia no Brasil com qual evento?

b) Sublinhe um trecho da canção que, em sua opinião, mostra esperança.

Fazendo História!

O Pasquim: o humor como resistência

O humor foi uma das formas utilizadas para criticar o regime militar no Brasil e exercer uma cidadania que era negada pelo governo autoritário. O jornal **O Pasquim**, lançado em 1969, era uma das publicações que usavam o humor como instrumento de luta contra medidas do governo dos militares.

O Pasquim se tornou muito importante e popular. Diversos escritores e artistas de destaque participaram dele, como Millôr Fernandes, Jaguar, Ruy Castro e Chico Buarque. No seu período inicial, entre 1969 e 1973, chegou a ter tiragem de 250 mil exemplares. Por satirizar os militares e fazer entrevistas polêmicas, **O Pasquim** sofreu com a censura do governo e a equipe de redação chegou a ser presa. Algumas bancas de jornal que vendiam a publicação chegaram a sofrer atentados à bomba.

Capa do jornal **O Pasquim**, de 16 a 22 de outubro de 1969.

Um dos colaboradores de **O Pasquim** foi o cartunista Henfil, que criava tiras sobre a situação do país e a repressão dos militares. Henfil costumava dizer que "humor que vale é aquele que dá um soco no fígado de quem oprime" (MORAES, Dênis de. **O rebelde do traço**: a vida de Henfil. Rio de Janeiro: José Olympio, 1997.).

Henfil, em foto de 1969.

1 De acordo com o texto, por que **O Pasquim** foi um jornal tão importante?

_____
_____
_____

2 Procure no dicionário o significado da palavra "pasquim". Na sua opinião, por que os criadores do jornal escolheram esse título?

_____

138 UNIDADE 8

3 Nesta tira de Henfil, o personagem Orelana representa um intelectual que devora livros e jornais e engasga com as notícias do regime militar. A Graúna, por sua vez, está sempre fazendo perguntas que Orelana não sabe responder. Veja um diálogo entre esses personagens.

Tira de Henfil publicada na **Revista Fradim** na década de 1970.

a) Qual foi a intenção da Graúna ao fazer a pergunta ao bode Orelana?

_____

b) Como a Graúna entendeu a resposta do bode Orelana?

_____

_____

c) Qual é a relação entre essa tirinha e o período da ditadura militar no Brasil?

_____

_____

_____

4 Converse com os colegas e o professor e dê exemplos de outros meios de informação alternativos importantes hoje em dia. Se necessário, faça uma pequena pesquisa em jornais, revistas e na internet.

A abertura política e a volta da democracia

> 📖 **Leia**
> A democracia pode ser assim

💬 Na sua opinião, qual foi o papel das ações de protesto e de resistência da sociedade civil para o fim da ditadura no Brasil?

A partir de 1978, ocorreu no Brasil uma série de greves de trabalhadores e manifestações estudantis e de professores, além de outros setores da sociedade, contra o governo militar. Esses grupos sociais, descontentes com os baixos salários e a crise econômica, queriam o fim da ditadura e a volta da democracia.

A pressão popular obrigou o governo a fazer concessões. Em 1979, o então presidente general Ernesto Geisel anulou os decretos que mantinham a repressão e a censura, dando o primeiro passo para o retorno da democracia.

Em 1979, foi promulgada a Lei n. 6683, que proclamava a **anistia** "ampla, geral e irrestrita" a todas as pessoas perseguidas pelo regime militar. Essa lei permitiu que os opositores ao regime militar que haviam sido exilados voltassem ao Brasil. Além disso, ela restaurou os direitos políticos suspensos pelos atos institucionais.

A partir de então, os partidos políticos, proibidos de funcionar durante o regime militar, voltaram a atuar na legalidade. Uma onda de protestos e greves ocorreu em todo o Brasil, exigindo o fim do **arrocho salarial** e eleições livres.

anistia: esquecimento; perdão coletivo concedido pelo governante; ato do poder público que declara impuníveis os delitos praticados até determinada data por motivos políticos ou penais.
arrocho salarial: consequência de uma política de salário em que os reajustes não acompanham o aumento de preços de mercadorias e serviços.

Assembleia de metalúrgicos durante a greve geral de 1979 na região do ABC, no estado de São Paulo, conhecida por sua tradição industrial.

Diretas Já!

Em 1984, milhares de pessoas saíram às ruas para exigir eleições diretas para presidente, no movimento que ficou conhecido como **Diretas Já!**. Durante o regime militar, o processo eleitoral era manipulado pelos militares. A população só podia escolher os representantes do Poder Legislativo, prefeitos e governadores. O presidente da República era eleito indiretamente pelo Congresso Nacional, no qual o partido dos militares era maioria.

Em 1985, Tancredo Neves foi eleito presidente pelo Congresso Nacional, ainda pelo voto indireto. Era o primeiro civil a chegar ao poder político no Brasil desde o golpe militar de 1964. No entanto, Tancredo faleceu pouco antes de tomar posse e quem assumiu a presidência foi o vice-presidente, José Sarney.

Era o fim do regime militar no país. O Brasil ganhou uma nova Constituição, que passou a vigorar a partir de 1988, concluindo o retorno da democracia. A censura havia terminado e as pessoas readquiriam **direitos fundamentais**, como a livre expressão do pensamento, o direito à vida e o direito de ir e vir.

> **direito fundamental:** aquele que protege o indivíduo e é garantido pela Constituição.

1 Observe a fotografia.

O movimento das Diretas Já!, em rua do Rio de Janeiro, no estado do Rio de Janeiro, em 1984.

- Qual era o objetivo do movimento popular registrado nessa fotografia?

Vamos retomar

1 Que tipo de regime político existiu no Brasil de 1964 a 1985?

....

2 A Copa do Mundo de futebol de 1970, realizada durante o regime militar, foi uma conquista esportiva que ajudou a impulsionar a propaganda oficial do "milagre brasileiro".

a) A Copa do Mundo foi marcada no Brasil pela música "Pra frente, Brasil", um hino que era tocado nas rádios e encarado como um incentivo para a Seleção. Pesquise na internet a letra desse hino e anote em seu caderno.

b) Qual é o trecho do hino que transmite a ideia de um país unido e progressista?

3 O que garantia aos militares poderes que violavam a Constituição brasileira?

....

....

4 Assinale as frases que mostram como o povo brasileiro se manifestava no período do regime militar.

☐ Sindicatos e associações organizavam greves como forma de contestar o regime.

☐ Inúmeras passeatas, com participação de estudantes, intelectuais, religiosos, homens e mulheres de diferentes idades e classes sociais, ocorreram nesse período de governo.

☐ A população deixou de consumir determinados produtos como forma de protesto.

☐ Artistas, jornalistas, músicos, escritores e cineastas driblavam a censura com mensagens disfarçadas e comunicavam sua indignação com a situação.

5 Os governos que se seguiram ao regime militar traziam em seus programas formas de combater a pobreza, o desemprego e a desigualdade social. Cada grupo vai pesquisar em jornais, revistas e na internet um programa, lançado pelo governo federal na atualidade, que tenha como objetivo resolver ou melhorar um desses aspectos.

UNIDADE 8

Autoavaliação

Terminamos a unidade 8! Leia as frases abaixo e faça um **X** no desenho que melhor expressa sua opinião sobre cada uma delas.

1. Entendi a diferença entre democracia e autoritarismo.			
2. Entendi o contexto do golpe de 1964.			
3. Conheci as principais características do período da ditadura militar no Brasil.			
4. Reconheço a importância dos movimentos de resistência à ditadura militar no Brasil.			
5. Compreendi o processo de abertura política e redemocratização do Brasil.			

Sugestões

Para ler

- **A democracia pode ser assim**, de Equipo Plantel e Marta Pina, Boitempo.

    Esse livro procura esclarecer como funcionam as eleições, qual é a função dos partidos políticos, qual é a importância do voto e dos direitos humanos, entre outros temas, a partir de exemplos tirados de nosso cotidiano – como a hora do recreio e as brincadeiras e os jogos de que participamos na escola.

- **A ditadura é assim**, de Equipo Plantel e Mikel Casal, Boitempo.

    Como funciona uma ditadura? É possível haver justiça e liberdade em um governo ditatorial? Essas são algumas das questões a que esse livro procura responder. Ele nos alerta para as dificuldades de viver em um regime político que não respeita a diversidade da sociedade.

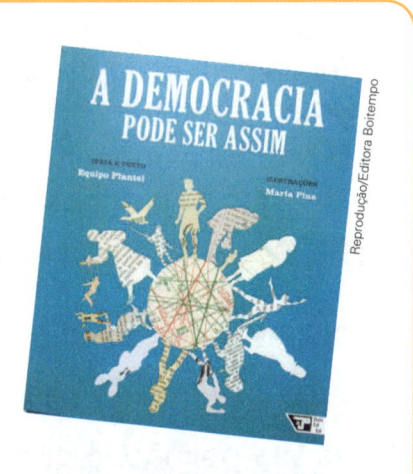

UNIDADE 9

Cidadania, uma luta de todos

Nesta unidade você vai:

- Discutir o conceito de cidadania.
- Conhecer os principais benefícios trazidos pela Constituição federal de 1988.
- Conhecer alguns direitos dos cidadãos brasileiros no presente, incluindo os direitos da criança e do adolescente e os direitos das pessoas com deficiência.
- Conhecer alguns direitos que asseguram cidadania a grupos sociais discriminados.
- Reconhecer alguns dos princípios fundamentais da Declaração Universal dos Direitos Humanos.
- Identificar alguns direitos conquistados ao longo da história do Brasil.

Observe a fotografia e converse com os colegas e o professor.

1. Na sua opinião, o que esse grupo de indígenas está fazendo no Congresso Nacional?

2. Que medidas podem ser adotadas para garantir a cidadania dos povos indígenas?

3. Atualmente, crianças e adolescentes têm leis específicas que garantem seus direitos. Você conhece alguns desses direitos? Quais?

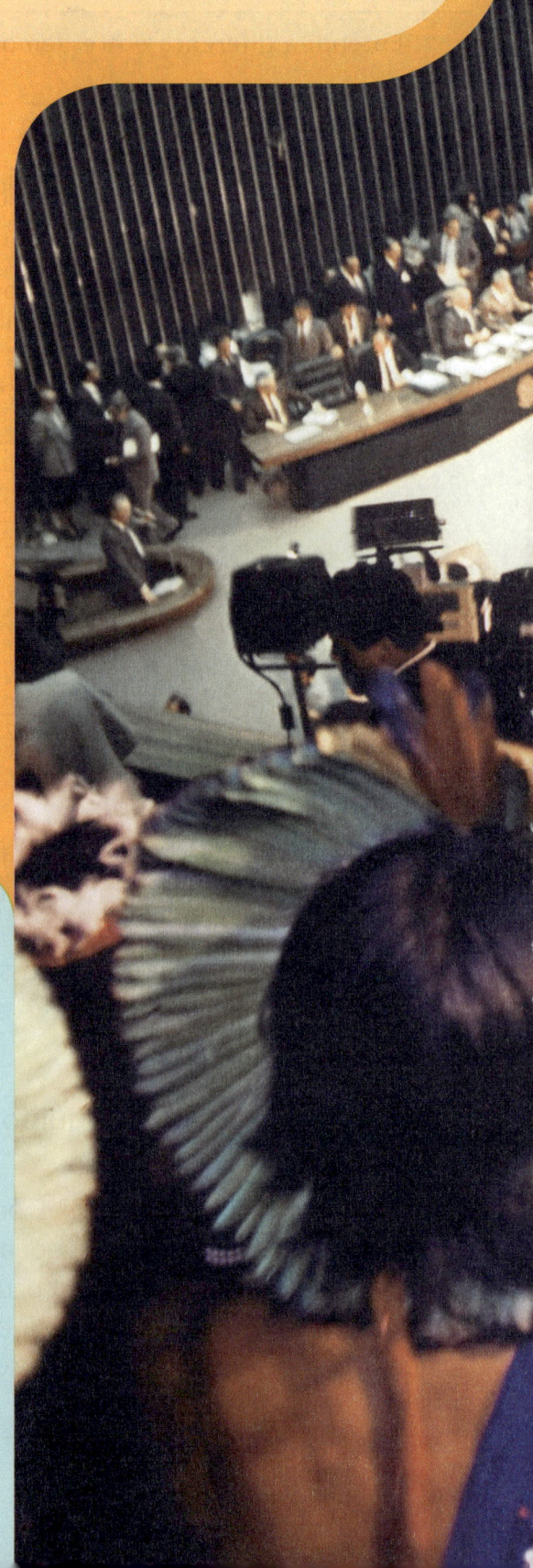

Indígenas acompanham uma seção da Assembleia Constituinte em 1988, em Brasília, no Distrito Federal. A prática da cidadania exige que os grupos sociais participem das decisões do Estado e se organizem para reivindicar direitos.

Uma luta constante

Leia
Nossa Terra – Como os jovens estão salvando o planeta

> Na sua opinião, qual é o papel de cada um de nós na luta pela cidadania?

O Brasil ainda é um país marcado por muitas desigualdades sociais. No campo, a divisão desigual da terra e o desrespeito aos direitos dos trabalhadores rurais continuam sendo um sério problema. Nas cidades, as precárias condições nas periferias e a falta de empregos, de moradias de qualidade e de segurança são os maiores problemas.

Muito tem sido feito para mudar essa situação. Iniciativas dos governos, dos movimentos sociais e das organizações não governamentais (ONGs) ajudaram a melhorar a vida dos mais necessitados e garantir cidadania a uma parcela importante da população. Uma das principais formas de luta é a reivindicação de direitos por meio da reformulação e do aperfeiçoamento das leis que regem o país.

Algumas atividades realizadas por ONGs e por iniciativas dos governos visam garantir que crianças e adolescentes carentes possam frequentar a escola e não sejam obrigados a trabalhar para ajudar no sustento de suas famílias. Ao lado, aula de informática em programa desenvolvido pela prefeitura de São Paulo. Foto de 2015.

- Pesquise o significado da palavra **cidadão** e explique a frase a seguir.

> A luta pela cidadania é uma luta cotidiana de todos os cidadãos – individual e conjuntamente – por um país e um mundo mais justos e solidários.

A Constituição cidadã

A Constituição federal de 1988, que ficou conhecida como Constituição cidadã, foi um grande avanço. Desde a Independência, em 1822, até a atualidade, o Brasil já teve oito Constituições. De todas elas, a Constituição cidadã é considerada a mais **democrática** de nossa história.

democrático: que permite maior igualdade política e social ao povo, aos cidadãos.

Leia alguns benefícios trazidos pela Constituição de 1988:

- Reconheceu os direitos das minorias e dos grupos discriminados, como os indígenas e os quilombolas.
- Garantiu os direitos das mulheres e a proteção das crianças e dos jovens.
- Proibiu qualquer forma de preconceito social, racial ou religioso entre as pessoas.
- Estabeleceu o direito de todos os trabalhadores a salário, moradia e condições de vida adequadas.

Contudo, para assegurar o cumprimento desses direitos, é importante que a sociedade se conscientize deles e se mobilize sempre que necessário.

1 Por que a Constituição de 1988 ficou conhecida como **Constituição cidadã**?

2 A educação é um direito social previsto pela Constituição de 1988. Analise o gráfico abaixo e responda às questões.

a) Qual é a porcentagem de analfabetos na região onde você vive?

b) Com base nos dados desse gráfico, é possível afirmar que o direito à educação é garantido igualmente a todos os cidadãos brasileiros? Explique.

Brasil: taxa de analfabetismo entre indivíduos com 15 anos ou mais, por região – 2015

Região	2014	2015
Brasil	8,3	8,0
Norte	9,0	9,1
Nordeste	16,6	16,2
Sudeste	4,6	4,3
Sul	4,4	4,1
Centro-Oeste	6,5	5,7

IBGE. **Pesquisa Nacional por Amostra de Domicílios (PNAD)** – Síntese de Indicadores 2015. Disponível em: <http://biblioteca.ibge.gov.br/visualizacao/livros/liv98887.pdf>. Acesso em: janeiro de 2018.

Os direitos das crianças e dos adolescentes

Por muito tempo, em nossa história, as crianças e os adolescentes não tinham direitos próprios e sofriam severas punições físicas e morais nas famílias e até mesmo nas escolas. Alguma coisa precisava ser feita para mudar essa condição.

Em 1990, foi criado um conjunto de leis que visam proteger e garantir os direitos das crianças e dos adolescentes: o Estatuto da Criança e do Adolescente (ECA). Segundo o ECA, criança é toda pessoa de até 12 anos de idade, e adolescente é toda pessoa com idade entre 12 e 18 anos.

Crianças em momento de lazer, em Teresina, no estado do Piauí. Brincar e divertir-se são direitos de crianças e adolescentes brasileiros. Foto de 2015.

Veja alguns dos direitos estabelecidos pelo ECA:

- Garantia de todas as condições para que as crianças tenham um nascimento e um desenvolvimento saudáveis.
- Direito a brincar, participar de esportes e se divertir.
- Direito a frequentar a escola pública sem a obrigação de trabalhar antes dos 16 anos.
- Proteção contra qualquer forma de exploração, violência, discriminação ou crueldade.
- Atendimento especializado para crianças e adolescentes com alguma deficiência.
- Direito a ter suas opiniões e seu pensamento respeitados por pais e professores.

Leia a seguir um artigo do ECA:

> Art. 3º A criança e o adolescente gozam de todos os direitos fundamentais inerentes à pessoa humana [...], assegurando-se-lhes, por lei ou por outros meios, todas as oportunidades e facilidades, a fim de lhes facultar o desenvolvimento físico, mental, moral, espiritual e social, em condições de liberdade e de dignidade.
>
> BRASIL. Estatuto da Criança e do Adolescente. Lei n. 8 609, de 13 de julho de 1990. Disponível em: <www.planalto.gov.br/ccivil_03/leis/l8069.htm>. Acesso em: janeiro de 2018.

A alimentação é um dos direitos que, segundo o ECA, devem ser assegurados a crianças e adolescentes. Acima, crianças recebem lanche em creche municipal de Tucumã, no estado do Pará. Foto de 2016.

1 De acordo com o ECA, é dever da família, da comunidade, da sociedade em geral e do poder público assegurar que os direitos garantidos às crianças e aos adolescentes sejam efetivados.

a) Façam uma pesquisa em jornais, revistas e na internet para conhecer iniciativas e projetos que buscam garantir esses direitos.

b) Selecionem imagens e textos e elaborem um painel sobre o tema: Direitos das crianças e dos adolescentes.

2 Na sua opinião, é preciso esperar ser adulto para promover mudanças em benefício da comunidade? Justifique sua resposta.

Fazendo História!

Acessibilidade urbana

De acordo com o último censo demográfico realizado pelo IBGE em 2010, no Brasil existem cerca de 45 milhões de pessoas que apresentam pelo menos uma deficiência. Desse universo, a maioria vive em áreas urbanas. A preocupação em assegurar direitos às pessoas com deficiência vem crescendo nos últimos anos: há ações públicas e da comunidade nos espaços urbanos para garantir dignidade, segurança e autonomia para esses cidadãos. Leia um trecho do Decreto Federal n. 5 296, de 2004, sobre a promoção da acessibilidade:

> [...] condição para utilização, com segurança e autonomia, total ou assistida, dos espaços, mobiliários e equipamentos urbanos, das edificações, dos serviços de transporte e dos dispositivos, sistemas e meios de comunicação e informação, por pessoa portadora de deficiência ou com mobilidade reduzida [...].
>
> BRASIL. Decreto n. 5 296, de 2 de dezembro de 2004. Disponível em: <www.planalto.gov.br/ccivil_03/_ato2004-2006/2004/decreto/d5296.htm>. Acesso em: janeiro de 2018.

O espaço escolar é um bom exemplo dessa mudança de atitude em relação às pessoas com deficiência. Nesse sentido, foi criado o Programa Escola Acessível, em 2011, para promover a adequação dos prédios e a oferta de transporte acessível, disponibilizar material didático e recursos de tecnologia, e oferecer educação bilíngue em língua portuguesa e Língua de Sinais Brasileira (Libras) nas escolas públicas do país.

1 Assinale a fotografia que mostra a lei de acessibilidade sendo cumprida.

São Paulo, no estado de São Paulo, 2014.

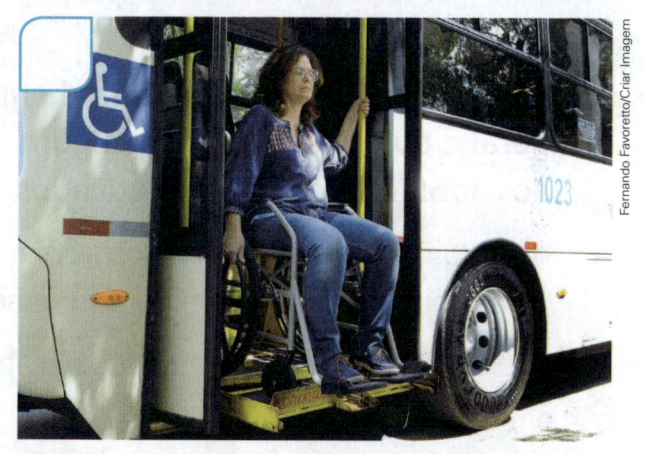

São Caetano do Sul, no estado de São Paulo, 2017.

• Relate outros exemplos de acessibilidade que você conhece.

UNIDADE 9

2 Por que é importante que o ambiente em que vivemos seja adaptado para atender às necessidades de todos?

3 Observe a fotografia, leia o depoimento e responda às questões.

"Eu tenho 25 anos de lesão e, desde então, nunca mais entrei no mar. É muito legal, a emoção. Puxar a cadeira nessa areia é muito difícil, as pessoas tinham que vir para me ajudar e eu acabava desistindo. Tomava banho de balde. Me sinto uma criança de 10 anos de idade", vibrava Carlos Simon, de 49 anos.

PEPE, Cristiane. Projeto ajuda portadores de necessidades especiais a curtirem a praia. **Jornal do Brasil**. Disponível em: <www.jb.com.br/rio/noticias/2010/01/24/projeto-ajuda-portadores-de-necessidades-especiais-a-curtirem-a-praia/>. Acesso em: janeiro de 2018.

Cadeiras de rodas anfíbias criadas por ONG no Rio de Janeiro para permitir banhos de mar a cadeirantes. A ideia faz parte do projeto **Praia inclusiva**, difundido pelo litoral do Brasil. Praia Grande, estado de São Paulo. Foto de 2017.

a) Qual é o tema da fotografia e do depoimento?

b) O que mais chamou sua atenção no projeto **Praia inclusiva**?

4 Criem uma campanha para promover a inclusão das pessoas com deficiência. O roteiro a seguir ajudará vocês nesse trabalho.

1. Escolham o tema da campanha e a forma que utilizarão para divulgá-la.
2. Coletem em revistas, jornais ou na internet depoimentos de pessoas com deficiência e outras informações necessárias para a campanha.
3. Com base nos depoimentos e nas informações coletadas, criem mensagens que incentivem a promoção de ações que permitam a inclusão de pessoas com deficência. Façam ilustrações adequadas ao tema.
4. Com o professor, organizem a forma de divulgação da campanha.

Direito de ser igual e diferente

> Explique com suas palavras o significado de **discriminação** e de **preconceito**. Você conhece alguma iniciativa da sociedade brasileira para assegurar cidadania aos grupos sociais discriminados?

O Brasil é um país formado por uma **pluralidade de culturas**. Os indígenas e outros povos (europeus, africanos e asiáticos) que se estabeleceram no país ao longo do tempo contribuíram com seus hábitos, costumes e tradições, o que ajudou na formação da sociedade brasileira.

Apesar de muitos direitos serem garantidos aos cidadãos brasileiros, como o respeito às suas diferenças de crenças, costumes e hábitos, o nosso país ainda apresenta grande desigualdade, injustiça e exclusão social.

Direitos das mulheres

Atualmente, as mulheres contribuem com a sociedade exercendo as mais diversas ocupações e profissões. Contudo, enfrentam dificuldades, como salários menores que os dos homens para os mesmos cargos profissionais, além de uma sobrecarga em funções domésticas e no cuidado de filhos.

Para garantir a melhoria da situação das mulheres em nossa sociedade, foram aprovadas leis que as protegem antes e depois do parto, que proíbem a discriminação e os abusos no ambiente de trabalho e que as defendem de situações de violência. Apesar dessas conquistas, muito ainda deve ser feito para garantir o direito à cidadania das mulheres em todas as esferas sociais.

Ativista durante protesto pelo fim da violência contra a mulher realizado no Dia Internacional da Mulher no Rio de Janeiro, no estado do Rio de Janeiro. Foto de 2017.

Direitos dos afro-brasileiros

Durante muito tempo, a escravidão no Brasil excluiu os negros africanos e seus descendentes brasileiros da cidadania. Mesmo com essa desvantagem, os afro-brasileiros se destacaram em diversas áreas ao longo dos anos: música, arte, esportes, literatura, ciências, entre outras.

Para garantir a cidadania plena aos afro-brasileiros, foram criadas leis como o **Estatuto da Igualdade Racial**, de 2010, que visa combater a discriminação e diminuir a desigualdade social e racial. Segundo essa lei, considera-se discriminação racial:

Milton Santos (1926-2001) foi um dos maiores geógrafos e intelectuais do Brasil, tendo lecionado em diversos países, como França, Canadá, Estados Unidos e Inglaterra. Foto de 2000.

> [...] toda distinção, exclusão, restrição ou preferência baseada em raça, cor, descendência ou origem nacional ou étnica que tenha por objeto anular ou restringir [...] o exercício, em igualdade de condições, de direitos humanos e liberdades fundamentais [...] em qualquer [...] campo da vida pública ou privada [...]
>
> BRASIL. Estatuto da Igualdade Racial. Lei n. 12 288, de 20 de julho de 2010. Disponível em: <www.planalto.gov.br/ccivil_03/_Ato2007-2010/2010/Lei/L12288.htm>. Acesso em: janeiro de 2018.

1 Leia o texto sobre o Quilombo Patioba, em Sergipe.

> [...] A comunidade quilombola tem no samba de roda uma maneira de preservar os costumes dos antepassados. Ao som de músicas africanas, elas rodopiam enquanto agitam as saias, feitas para lembrar as que eram usadas pelas escravas.
>
> A tradição é passada entre as gerações. [...]
>
> A herança é mantida com orgulho pelo grupo. "A gente está buscando nosso resgate para não deixar acabar, estamos na luta pela preservação do samba de roda. É muito gratificante e eu adoro participar dessa brincadeira maravilhosa", diz a agricultora Sueli Leite.
>
> Quilombolas de SE lutam para manter antigas tradições populares. G1. Disponível em: <http://g1.globo.com/economia/agronegocios/vida-rural/noticia/2014/08/quilombola-de-se-lutam-para-manter-antigas-tradicoes-populares.html>. Acesso em: janeiro de 2018.

a) Qual é a origem da tradição cultural mencionada no texto?

b) Na sua opinião, a valorização da identidade e da cultura pela própria comunidade quilombola é importante?

Direitos dos idosos

Hoje há mais de 20 milhões de idosos no Brasil. A melhoria do sistema de saúde, assim como o maior acesso a medicamentos, tratamentos e alimentação de qualidade permitiram que as pessoas vivessem mais tempo, aumentando a quantidade de idosos na população brasileira. Observe o gráfico a seguir:

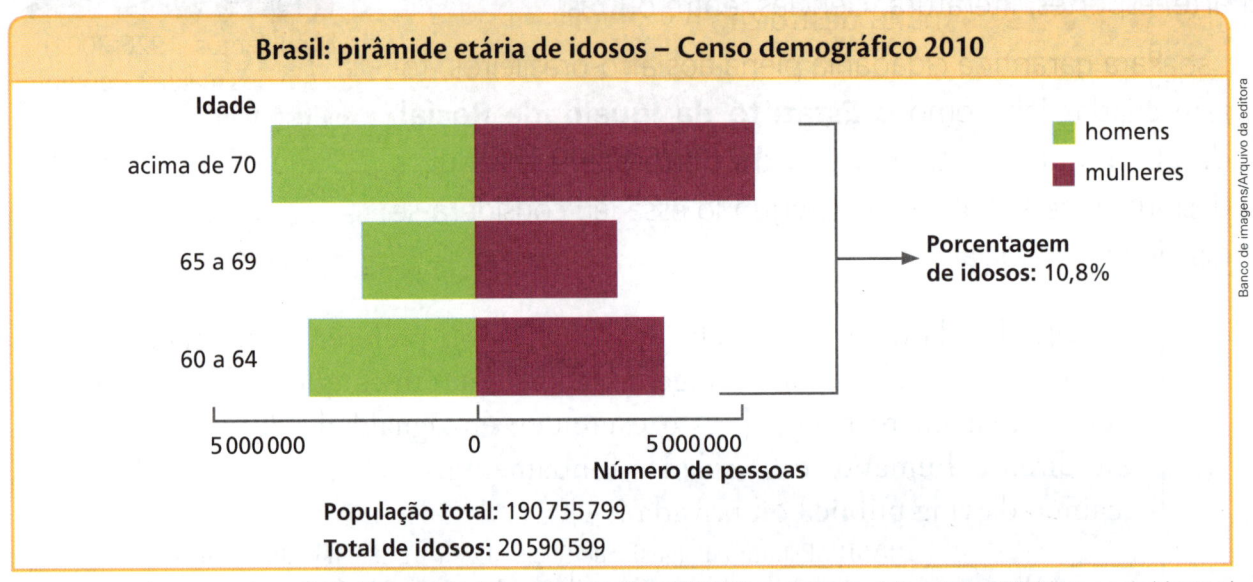

Brasil: pirâmide etária de idosos – Censo demográfico 2010

Idade: acima de 70; 65 a 69; 60 a 64
Número de pessoas (homens / mulheres)
Porcentagem de idosos: 10,8%
População total: 190 755 799
Total de idosos: 20 590 599

IBGE. **Sinopse do Censo Demográfico 2010**. Disponível em: <https://censo2010.ibge.gov.br/sinopse/index.php?dados=12>. Acesso em: janeiro de 2018.

Os idosos representam mais de 10% da população brasileira. Calcula-se que, nas próximas décadas, essa proporção aumente ainda mais. Daí a importância de aprovar leis que favoreçam esse grupo, pois os jovens de hoje também se tornarão idosos um dia.

Nem sempre os idosos têm seus direitos respeitados. Para garantir esses direitos, foi instituído o **Estatuto do Idoso** em 2003. Essa lei visa assegurar aos maiores de 60 anos os direitos fundamentais a uma vida digna, à saúde, à educação, à cultura, ao esporte e ao lazer. Entre os direitos específicos dos idosos estão: gratuidade e reserva de assentos no transporte público; desconto de 50% em atividades de cultura, esporte e lazer; proteção contra negligência, discriminação e maus-tratos.

1 Quem é considerado idoso no Brasil?

2 Que direitos específicos estão garantidos a essas pessoas pelo Estatuto do Idoso?

3 Na sua família há idosos? Como eles são tratados?

Vamos falar sobre...

Direitos humanos

Os direitos humanos correspondem à liberdade e aos direitos básicos de todos os seres humanos. Durante as duas guerras mundiais que aconteceram no século XX, houve muita destruição e violência em diversas cidades e muitas pessoas morreram.

Após o fim da Segunda Guerra Mundial, representantes de nações do mundo todo se reuniram para definir os direitos de todos os seres humanos, que devem ser respeitados por todas as pessoas e governos. Assim nasceu a **Declaração Universal dos Direitos Humanos**, um documento elaborado coletivamente em 1948 que define quais são os direitos humanos.

ZIRALDO. **Cartilha dos Direitos Humanos**. p. 2-3. Disponível em: <www.turminha.mpf.mp.br/multimidia/cartilhas/CartilhaZiraldodireitoshumanos.pdf/view>. Acesso em: janeiro de 2018.

ZIRALDO. **Cartilha dos Direitos Humanos**. p. 4-5. Disponível em: <www.turminha.mpf.mp.br/multimidia/cartilhas/CartilhaZiraldodireitoshumanos.pdf/view>. Acesso em: janeiro de 2018.

- O que podemos fazer em nosso cotidiano para garantir o respeito aos direitos humanos?

Rede do conhecimento

Cidadania

A cidadania é o exercício consciente dos direitos civis, sociais e políticos de todas as pessoas, assim como o cumprimento de seus deveres perante toda a sociedade. Ser cidadão significa participar ativamente das decisões da sociedade com o objetivo de melhorar a vida de todos. A cidadania é feita de conquistas históricas e pode ser considerada um processo em constante construção.

Brasil independente

1824 – Organiza-se o Brasil independente
- Primeira Constituição do Brasil.
- Estabelecia o direito de votar e ser votado.
- Apesar da conquista dos direitos políticos, a permanência da escravidão significou a limitação dos direitos civis.

Abolição da escravatura
Os negros conquistam direitos.
- 1850 – Lei Eusébio de Queirós
- 1871 – Lei do Ventre Livre
- 1885 – Lei dos Sexagenários
- 1888 – Lei Áurea

Capa da **Revista Illustrada**, de 1888, comemora a declaração do fim da escravidão (Lei Áurea).

Negros livres e libertos
Tiveram papel fundamental na luta pela libertação dos escravizados: Luís Gama, Antonio Bento e André Rebouças.

André Rebouças (1838-1898), baiano, engenheiro e abolicionista.

Luís Gama (1830-1882), baiano, advogado, jornalista e abolicionista.

Brasil republicano

1891 – Primeira Constituição da República
- Reforma da educação – reconheceu o princípio da escola laica, livre e gratuita, que orienta a educação pública até hoje.
- No contexto do novo regime político e com a abolição da escravatura, a educação passou a ser valorizada como o melhor caminho para construir a cidadania.

Século XX (1910) – Política indigenista: a formação da nação
Busca pela conquista da cidadania por meio do reconhecimento do direito à terra.

1930 – Posse do presidente Getúlio Vargas
- Criação do Ministério do Trabalho, Indústria e Comércio.
- A partir de 1932, regulamentação da jornada de trabalho de 8 horas, do trabalho feminino e infantil, do direito a férias e do salário mínimo.
- Em 1943, a Consolidação das Leis do Trabalho (CLT) foi promulgada.

Trabalhadores durante implantação da linha de bonde na rua Sebastião Pereira, cidade de São Paulo, em 1932.

1933 – As mulheres conquistam direitos políticos
Há uma nova Constituinte.
- Conquista do voto secreto e criação da justiça eleitoral.
- As mulheres passam a ter direito ao voto.

Carlota Pereira Queiroz foi a primeira mulher a participar da Assembleia Constituinte entre 1933 e 1934. Além de votar, as mulheres também poderiam ser eleitas.

Brasil republicano

1937 – Getúlio Vargas
Estabeleceu o Estado Novo, fundamentado em bases autoritárias e na centralização do poder nas mãos do governante (ditadura).

1946 – Nova Constituição
Resgata a liberdade de imprensa e de organização política. O voto foi estendido a todos os brasileiros alfabetizados com mais de 18 anos (exceto soldados).

Cidadã exercendo o direito de voto em uma urna eletrônica, em 2016.

Parque Nacional do Xingu (criado em 1953)
Destaque na política de demarcação e defesa das Terras Indígenas, referendada nas Constituições de 1946, 1967 e 1988.

Aldeia Aiha Kalapalo, no Parque Indígena do Xingu, em 2016.

1964 – Ditadura militar
- Período marcado pelo regime ditatorial e pela restrição dos direitos civis e políticos por meio da repressão.
- Houve avanços na conquista de direitos dos trabalhadores rurais e universalização da previdência social em um contexto de forte intervenção estatal na economia.

1984 – Campanha pelas eleições diretas
Maior e mais importante mobilização popular da história do Brasil.

Passeata e comício na Cinelândia, na cidade do Rio de Janeiro, durante o movimento das Diretas Já!, em 1984.

1985 – Tancredo Neves
Foi eleito presidente pelo voto indireto, porém morreu antes de tomar posse. Em seu lugar assumiu o vice-presidente, José Sarney.

Constituição de 1988
Ainda em vigor, é considerada a mais democrática da história do Brasil. Organiza-se em torno dos direitos do cidadão, tais como:
- voto facultativo aos analfabetos e jovens entre 16 e 18 anos;
- acesso à educação fundamental;
- liberdade de expressão e de imprensa.

Novas conquistas sociais
- 1990 – Estatuto da Criança e do Adolescente (ECA).
- 2003 – Estatuto do Idoso.
- 2010 – Eleita a primeira mulher presidente da República do Brasil.

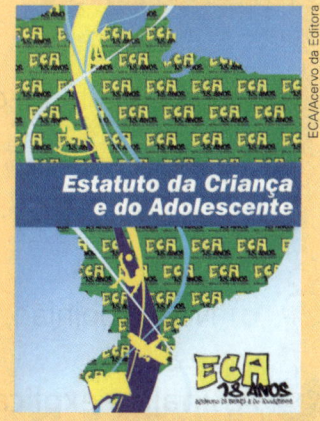

Capa do Estatuto da Criança e do Adolescente (ECA).

Dilma Rousseff durante a cerimônia de posse à presidência da República, em Brasília, em 2011.

Vamos retomar

1 Leia a letra da canção "Todos juntos".

> Uma gata, o que é que é?
> – Esperta
> E o jumento, o que é que é?
> – Paciente
> Não é grande coisa realmente
> Prum bichinho se assanhar
> E o cachorro, o que é que é?
> – Leal
> E a galinha, o que é que é?
> – Teimosa
> Não parece mesmo grande coisa
> Vamos ver no que é que dá
> Esperteza, Paciência
>
> Lealdade, Teimosia
> E mais dia menos dia
> A lei da selva vai mudar
> Todos juntos somos fortes
> Somos flecha e somos arco
> Todos nós no mesmo barco
> Não há nada pra temer
> – Ao meu lado há um amigo
> Que é preciso proteger
> Todos juntos somos fortes
> Não há nada pra temer
> […]
>
> BACALOV, Luis Enríquez; BARDOTTI, Sergio; BUARQUE, Chico. Em: **Os Saltimbancos**. Rio de Janeiro: Philips Records, 1977. 1 CD. Faixa 10.

a) Qual é o tema da canção?

_____

_____

b) Na sua opinião, há alguma relação entre essa canção e o exercício da cidadania?

2 Assinale a explicação que corresponde à afirmativa.

> O direito à igualdade e o direito à diferença são as faces de um país formado por uma pluralidade de culturas como o Brasil.

☐ O Brasil é um país de poucas diferenças. Todos, igualmente, têm seus direitos respeitados.

☐ O Brasil é formado por pessoas diferentes no que diz respeito à cultura e às necessidades. Todas devem igualmente ter condições dignas de vida e ser tratadas com respeito.

☐ Como o Brasil é um país formado por diferentes culturas, a igualdade não deve fazer parte dos direitos garantidos a todos.

Autoavaliação

Terminamos a unidade 9! Leia as frases abaixo e faça um **X** no desenho que melhor expressa sua opinião sobre cada uma delas.

	😄	🤔	🙂
1. Sei discutir o conceito de cidadania.			
2. Conheço os principais benefícios trazidos pela Constituição federal de 1988.			
3. Conheço alguns direitos dos cidadãos brasileiros no presente, incluindo os direitos da criança e do adolescente e os direitos das pessoas com deficiência.			
4. Conheci alguns direitos que asseguram cidadania a grupos sociais discriminados.			
5. Reconheço alguns dos princípios fundamentais da Declaração Universal dos Direitos Humanos.			
6. Sei identificar alguns direitos conquistados ao longo da história do Brasil.			

Sugestão

📖 Para ler

- **Nossa Terra – Como os jovens estão salvando o planeta**, de Janet Wilson, Melhoramentos.

  Essa obra traz histórias verdadeiras de jovens de todo o mundo que exerceram a cidadania ao criar maneiras de ajudar pessoas, cultivar plantas, preservar florestas e animais e, dessa forma, mudar o mundo.

BIBLIOGRAFIA

ALBUQUERQUE, Manuel Maurício de et al. *Atlas histórico escolar*. Rio de Janeiro: MEC, 1991.

ALMANAQUE ABRIL. São Paulo: Abril Cultural, 1996.

ANTONIL, André João. *Cultura e opulência do Brasil*. Belo Horizonte: Itatiaia, 1997.

BOTELHO, André; SCHWARCZ, Lilia Moritz (Org.). *Agenda brasileira*: temas de uma sociedade em mudança. São Paulo: Companhia das Letras, 2011.

BRASIL. Constituição da República Federativa do Brasil de 1988. Disponível em: <www.planalto.gov.br/ccivil_03/constituicao/constituicao.htm>. Acesso em: janeiro de 2018.

_____. Constituição Política do Império do Brasil. Disponível em: <www.planalto.gov.br/ccivil_03/constituicao/constituicao24.htm>. Acesso em: janeiro de 2018.

_____. Estatuto da Criança e do Adolescente. Disponível em: <www.planalto.gov.br/ccivil_03/leis/L8069.htm>. Acesso em: janeiro de 2018.

_____. Estatuto da Igualdade Racial. Disponível em: <www.planalto.gov.br/ccivil_03/_ato2007-2010/2010/lei/l12288.htm>. Acesso em: janeiro de 2018.

CALDEIRA, Jorge. *Viagem pela história do Brasil*. São Paulo: Companhia das Letras, 1999.

COSTA, Angela Marques da; SCHWARCZ, Lilia Moritz. *1890-1914*: no tempo das certezas. São Paulo: Companhia das Letras, 2000.

CUNHA, Manuela Carneiro. *Índios no Brasil*: história, direitos e cidadania. São Paulo: Claro Enigma, 2012.

DEBRET, Jean-Baptiste. *Viagem pitoresca e histórica ao Brasil*. Belo Horizonte: Itatiaia; São Paulo: EDUSP, 1989.

DEL PRIORE, Mary (Org.). *História das mulheres no Brasil*. São Paulo: Contexto, 2006.

_____; VENÂNCIO, Renato. *O livro de ouro da história do Brasil*. Rio de Janeiro: Ediouro, 2001.

FAUSTO, Boris. *História concisa do Brasil*. São Paulo: Edusp, 2012.

FERREIRA, Antônio Celso; IVANO, Rogério. *A conquista do sertão*. São Paulo: Atual, 2002.

FIGUEIREDO, Lucas. *Boa ventura! A corrida do ouro no Brasil (1697-1810)*: a cobiça que forjou o Brasil, sustentou Portugal e inflamou o mundo. São Paulo: Record, 2001.

FRAGA, Walter; ALBUQUERQUE, Wlamyra R. de. *Uma história da cultura afro-brasileira*. São Paulo: Moderna, 2009.

GIANNOTTI, Vitto. *História das lutas dos trabalhadores no Brasil*. Rio de Janeiro: Mauad, 2007.

GOMES, Flávio dos Santos. *Negros e política (1888-1937)*. Rio de Janeiro: Jorge Zahar, 2005.

HARDMAN, Francisco Foot. *Nem pátria, nem patrão! Memória operária, cultura e literatura no Brasil*. São Paulo: Editora da Unesp, 2002.

IBGE. *Atlas geográfico escolar*. 7. ed. Rio de Janeiro, 2016.

IGLESIAS, Francisco. *Trajetória política do Brasil*: 1500-1964. São Paulo: Companhia das Letras, 1993.

LIMA, Heitor Ferreira. *História político-econômica e industrial do Brasil*. São Paulo: Companhia Editora Nacional, 1970.

LISSOVSKY, Maurício. A fotografia como documento histórico. In: *Fotografia*: ciclo de palestras sobre fotografias. Rio de Janeiro: Funarte, 1983.

LIVERANI, Mario. *Antigo Oriente*. São Paulo: Edusp, 2017.

MARTINS, Ana Luiza. *História do café*. São Paulo: Contexto, 2012.

PAIVA, Eduardo França. *O ouro e as transformações sociais na sociedade colonial*. São Paulo: Atual, 2010.

PINSKY, Jaime (Org.). *Práticas de cidadania*. São Paulo: Contexto, 2004.

_____; PINSKY, Carla Bassanezi (Org.). *História da cidadania*. São Paulo: Contexto, 2003.

REIS, Daniel Aarão. *Ditadura e democracia no Brasil*: do golpe de 1964 à Constituição de 1988. Rio de Janeiro: Zahar, 2014.

REIS, João José; GOMES, Flávio dos Santos. *Liberdade por um fio*: uma história dos quilombos no Brasil. São Paulo: Companhia das Letras, 2008.

RESENDE, Maria Efigênia; MORAES, Ana Maria de. *Atlas histórico do Brasil*. Rio de Janeiro: Vigília, 1987.

ROCHA, Ruth; ROTH, Otávio. *Declaração Universal dos Direitos Humanos*. São Paulo: Quinteto, 1986.

ROMANO, Ruggiero. *Os mecanismos da conquista colonial*. 3. ed. São Paulo: Perspectiva, 1995.

SACHS, Ignacy; WILHELM, Jorge; PINHEIRO, Paulo Sérgio (Org.). *Brasil*: um século de transformações. São Paulo: Companhia das Letras, 2001.

SANTOS, José dos. *Crianças do Brasil*: suas histórias, seus brinquedos e seus sonhos. São Paulo: Peirópolis/Museu da Pessoa, 2008.

SCHWARCZ, Lilia Moritz (Org.). *História do Brasil Nação*: 1808-2010. Rio de Janeiro: Objetiva/Fundação MAPFRE, 2011-2014, 5 v.

SILVA, Hélio Schlitter. Tendências e características gerais do comércio exterior no século XIX. *Revista de Economia Brasileira*, 1, n. 1 (jan. 1953), p. 5-21.

SILVEIRA, Maria José. *Brasília e João Dimas e a Santa do caldeirão na época da independência*. Belo Horizonte: Formato, 2004.

_____. *Iamê e Manuel Diogo nos campos de Piratininga na época dos bandeirantes*. Belo Horizonte: Formato, 2004.

SOUZA, Laura de Mello e. *Desclassificados do ouro*: a pobreza mineira no século XVIII. Rio de Janeiro: Graal, 1986.

STADEN, Hans. *Duas viagens ao Brasil*. Belo Horizonte: Itatiaia; São Paulo: Edusp, 1974.

Sites

Akatu – Consumo consciente para um futuro sustentável. Disponível em: <www.akatu.org.br/>. Acesso em: janeiro de 2018.

Ciência Hoje das Crianças. Disponível em: <http://chc.cienciahoje.uol.com.br/>. Acesso em: janeiro de 2018.

IBGE. Instituto Brasileiro de Geografia e Estatística. Disponível em: <www.ibge.gov.br/home/>. Acesso em: janeiro de 2018.

INSTITUTO SOCIOAMBIENTAL. Povos indígenas no Brasil Mirim. Disponível em: <http://mirim.org/pt-br>. Acesso em: janeiro de 2018.

Nova Escola. Disponível em: <https://novaescola.org.br/>. Acesso em: janeiro de 2018.

Planeta Sustentável. Disponível em: <https://super.abril.com.br/blog/planeta/>. Acesso em: janeiro de 2018.

Plenarinho. Disponível em: <https://plenarinho.leg.br/>. Acesso em: janeiro de 2018.